THÉRAPIE PSYCHOLOGIQUE DES SCHIZOPHRÉNIES

Valentino Pomini, Lilo Neis, Hans D. Brenner,
Bettina Hodel, Volker Roder

En collaboration avec F. Seywert

Thérapie psychologique des schizophrénies

Programme intégratif IPT de Brenner
et collaborateurs pour la thérapie
psychologique des patients schizophrènes

Version française révisée

MARDAGA

1998, Pierre Mardaga, éditeur
Hayen, 11 - B-4140 Sprimont
D. 1998-0024-3

PRÉFACES

Préface à l'édition française

Malgré les moyens thérapeutiques à disposition tant psychopharmacologiques que psychosociaux, la proportion de patients schizophrènes souffrant d'une évolution sévère en terme de qualité de vie reste élevée et dépasse 20 % selon Helgason (1990). Au cours des vingt dernières années, l'utilité des neuroleptiques a été largement confirmée même s'ils se sont révélés efficaces avant tout à court terme et dans le traitement des symptômes positifs. Ce ne sont d'ailleurs pas seulement les traitements psychopharmacologiques qui ont montré leur limite, il en va tout autant des approches psychothérapiques traditionnelles. De nombreuses interventions psychosociales ont fait également la preuve de leur capacité à réduire aussi bien la symptomatologie que les rechutes, qu'il s'agisse de programmes d'éducation de la famille, de thérapies familiales comportementales ou de programmes d'entraînement aux habiletés sociales. Alors qu'il y a quelques années, il était fréquent d'évoquer les résistances que le monde psychiatrique francophone opposait aux approches cognitives-comportementales, les choses ont évolué et certaines résistances qui trouvaient leur origine en partie dans des *a priori* idéologiques ont fait place à une attitude plus scientifique. Les données issues de la recherche et d'études contrôlées ont en effet apporté des arguments incontournables quant à l'efficacité de ces approches, en particulier sur la qualité de vie des patients, et le problème majeur aujourd'hui n'est plus tant d'accumuler de nouveaux arguments que de parvenir à en justifier les coûts.

Le programme de thérapie conçu par Brenner s'appuie sur la reconnaissance déjà ancienne de la présence de dysfonctions cognitives en tant que caractéristiques pathognomoniques de la schizophrénie. Poursuivant une recherche développée depuis une vingtaine d'années, il s'attache à identifier les problèmes cognitifs touchant certaines fonctions élémentaires telles que l'attention sélective, l'attention soutenue pendant une période prolongée ou certaines fonctions complexes comme l'encodage ou la reconnaissance d'indices familiers.

Il reste cependant difficile de mettre en relation les perturbations neurologiques, physiologiques et psychologiques avec un trouble de l'attention et de la perception qui serait responsable de troubles cognitifs au niveau de la pensée, du langage et du comportement. Le concept de vulnérabilité, que Brenner a enrichi dans son modèle des deux « cercles vicieux » reliant les dysfonctions sociales et cognitives, permet jusqu'à un certain point de contourner cette « solution de continuité ».

Dans ce programme, l'intervention psychosociale occupe une place centrale : Brenner considère en effet la pharmacothérapie comme nécessaire mais non suffisante car elle ne permet pas d'aider un patient à améliorer ses capacités d'adaptation sociale ni à faire face aux situations de la vie réelle. Aucun médicament par lui-même ne permet par exemple à un patient de conforter son image de lui-même ni de développer son sentiment de compétence. On peut dire en citant Klerman (1977) que les neuroleptiques permettent aux patients d'être « mieux, mais pas bien ».

Les six programmes développés par Brenner sont organisés de façon logique et hiérarchique comme autant d'étapes dont la première consiste à soutenir les capacités cognitives. Chacun des programmes permet de planifier le travail thérapeutique de manière précise tout en offrant de grandes possibilités d'adaptation aux besoins particuliers des patients. Certes, cette approche est exigeante, tant pour les patients que pour les thérapeutes et l'analyse cognitivo-comportementale préalable nécessite à elle seule un important travail. Mais n'est-ce pas le prix à payer pour éviter de tomber dans une utilisation routinière de recettes ?

Cet ouvrage d'un très grand intérêt tient également compte des découvertes les plus récentes et, à la suite de Kingdon et Turkington (1994), Brenner et ses collaborateurs ont développé un sous-programme consacré à la gestion des émotions. Comme les autres, ce dernier est structuré en différentes étapes dont la première consiste à nommer et à analyser les émotions ressenties à la vue de certaines images, avant de s'engager dans un travail d'associations permettant d'évoquer des émotions similaires vécues dans le passé. Cette approche permet un travail de clarification, ainsi qu'un travail sur la mémoire des émotions perçues et reconnues à la fois dans le corps et dans les pensées. Le thérapeute est appelé à aider le patient à décrire les aspects physiologiques, cognitifs et moteurs de ses émotions, et à mieux prendre en compte ses tentatives de gestion de l'émotion et les résultats obtenus. Soutenu par une forme de dialogue socratique, le patient va choisir par étapes successives la stratégie de gestion de l'émotion qui lui convient le mieux. Le programme IPT est également important en raison de sa dimension éthique, par la perception qu'il renvoie du patient, considéré avec infiniment de respect comme un partenaire à part entière.

Comme toute entreprise scientifique d'envergure, cet ouvrage vaut non seulement par les problèmes qu'il résout mais aussi par ceux qu'il soulève, et l'on ne parvient d'ailleurs pas à la fin de sa lecture sans une remise en question de sa propre pratique. La dimension cognitive renvoie-t-elle à une caractéristique pathognomonique de la schizophrénie ou n'est-elle pas plutôt une condition préalable nécessaire de toute approche thérapeutique visant un changement véritable ? Les approches cognitives permettent-elles réellement de restaurer les fonctions cognitives atteintes ou n'apportent-elles pas plutôt une amélioration des capacités fonctionnelles et en fin de compte du handicap dont souffrent les patients ?

On doit être reconnaissant à Hans D. Brenner, Bettina Hodel et Volker Roder d'avoir réalisé ce travail remarquable et à Valentino Pomini, Lilo Neis et Fernand Seywert de le rendre accessible au public francophone. Ce programme est porteur de grands espoirs tant pour les patients que pour les professionnels et est à même de redonner un nouvel enthousiasme aux soignants travaillant dans un domaine particulièrement difficile des soins psychiatriques.

Dr François Ferrero
Professeur de Psychiatrie
Université de Genève

Préface à l'édition originale

La présentation globale du Programme intégratif de thérapies psychologiques (IPT), proposée dans ce livre sous la forme d'un manuel de thérapie, reflète l'état actuel de l'évolution d'un processus qui s'étend sur de longues années et auquel de nombreux collaborateurs et collaboratrices appartenant à plusieurs institutions psychiatriques ont activement participé. Au groupe de travail, représenté ici par les auteurs, ont également appartenu pendant quelques années le Dipl.-Psych. Wolfgang Stramke, le Dipl.-Psych. Gerd Kube et le Dr med. Kurt Bachmann.

Le développement de l'IPT a commencé il y a plus de dix ans dans la division 5a de la clinique psychiatrique de l'Institut Central pour la Santé Mentale à Mannheim (Psychiatrische Klinik, Zentralinstitut für Seelische Gesundheit, Mannheim). Le Professeur Heinz Häfner, Directeur de l'Institut Central, s'était plaint en 1975 lors du 3ᵉ symposium sur la schizophrénie de Weissenau qu'«à ce jour — à peu d'exceptions près — tous les programmes de réhabilitation pour schizophrènes pratiqués se fondent sur une polypragmatique préscientifique». Selon lui, pour dépasser cet état une contribution scientifique digne de mention était nécessaire.

L'engagement avec lequel l'équipe de la division 5a travailla à la conception de l'IPT et à sa mise en pratique fut une expérience inoubliable pour tous les participants. Les discussions jusque tard dans la nuit n'étaient pas chose rare. Il s'était alors révélé, constatation qui devait se vérifier par la suite, que la continuité et l'intégration du programme IPT dans le quotidien d'une division s'accomplissent au mieux si la mise en pratique d'un tel programme peut se faire dans toute la mesure du possible à travers la gestion directe d'une équipe soignante compétente. Bien entendu, ceci nécessite aussi bien une formation continue globale et coûteuse en temps qu'une supervision suivie. Celui qui emprunte un tel chemin devrait aussi être conscient que le transfert de compétences implique un changement dans la compréhension des rôles de chacun au niveau des modes de collaboration entre médecin, psychologue et équipe soignante. Pour moi, un tel changement ne s'est pas opéré sans crise ni vécu de compétition, mais il a abouti finalement à un respect fructueux à tous égards du travail des infirmiers et infirmières dans la thérapie psychiatrique.

Ce que fut l'équipe 5a de l'Institut Central à la phase de conception et de première expérimentation de l'IPT, les équipes de la division D2 de la clinique psychiatrique universitaire de Berne et de la division E4 de la clinique psychiatrique cantonale de Münsterlingen le devinrent pour les évaluations et améliorations ultérieures. Sans leurs expériences, leurs discussions vivantes, leurs appréciations critiques, ce manuel n'aurait pas vu le jour. Le travail de ces deux divisions fut activement soutenu par les directeurs des deux cliniques, le Professeur Wolfgang Böker à Berne et le Dr med. Karl Studer à Münsterlingen. Mais d'autres équipes et d'autres institutions ont également apporté leur contribution. C'est à eux tous que s'adressent les remerciements chaleureux des auteurs.

«La Société pour le développement de concepts thérapeutiques cognitifs et psychosociaux spécifiques dans la réhabilitation et la prévention des rechutes de personnes schizophrènes» (GFTS) a considérablement contribué à la diffusion du programme au cours de ces dernières années. Elle a rendu possible l'échange continuel des expériences entre différentes institutions psychiatriques. C'est avant tout son conseil scientifique qui a de manière significative coopéré, entre autres, à la standardisation, l'amélioration et l'examen empirique du matériel thérapeutique. Nous remercions à cet égard en particulier les Dr phil. Volker Bell, Dr phil. Stefan Blumenthal, Dipl.-Sozialpäd. Sabine Dietz, Dipl.-Psych. Bert Hager, Dr phil. Max Hermanutz, Dipl.-Sozialarb. Gudrun Knab-Topka, Dr phil. Sybille Kraemer ainsi que le président actuel de la société le Dr med. Theodor von Stockert.

Même si ce livre est entièrement orienté sur la pratique thérapeutique, il ne saurait être suffisant en tant que seule base de l'application autonome du programme IPT. Nous savons que l'activité thérapeutique pratique ne s'apprend que de manière très limitée dans les livres. Voilà pourquoi, les séminaires thérapeutiques de Münsterlingen bénéficient depuis longtemps d'une réputation solide pour l'enseignement de l'IPT. Signalons que cette année aura lieu le 19e séminaire thérapeutique.

Le chapitre introductif mérite une remarque particulière. Il s'adresse au lecteur scientifiquement formé et qui, au-delà des bases théoriques générales, se montre plus spécifiquement intéressé à connaître la position adoptée par les auteurs vis-à-vis des discussions actuelles de la recherche sur la schizophrénie spécialement en rapport avec l'IPT. C'est dans une telle optique qu'ont été conçus tant son contenu que sa terminologie. De par la nécessité de fonder de plus en plus sur des bases empiriquement confirmées la pratique thérapeutique en psychiatrie, une telle introduction scientifique semble justifiée dans un manuel de thérapie et adaptée aux prétentions de l'IPT. Le chapitre 2 devrait transmettre au lecteur moins intéressé à ces questions scientifiques spécialisées les repères théoriques nécessaires et suffisants.

Chaque livre demande beaucoup de travail, les auteurs mis à part, à l'éditeur, à la maison d'édition et aussi au secrétariat. Sa parution résulte toujours de la collaboration et de l'engagement de nombreuses personnes. Aussi, au moment de terminer, nous tenons à remercier plus particulièrement le Professeur Franz Petermann, le PD Dr phil. Martin Hautzinger, le Dr phil. H. Jürgen Kagelmann, Lisa Moret et Francine Perret.

Berne, janvier 1988
Pour le groupe des auteurs
Hans Dieter Brenner

Préface à l'édition anglaise

Récemment on me demanda de passer en revue la littérature concernant les traitements psychosociaux de la schizophrénie pour l'Annual Review of Psychiatry de 1991 (Goldstein, 1991), publiée par l'American Psychiatric Association (APA). Dans cet inventaire de la littérature des thérapies comportementales, une chose me frappa : ces approches se montraient efficaces dans la modification du comportement des patients à un court terme, mais présentaient de sérieux problèmes pour le maintien des acquis ou leur généralisation aux situations existentielles réelles. Une des conséquences de cette constatation fut que les chercheurs cliniciens firent un pas en arrière, pour repenser les fondements rationnels de cette approche dans la réhabilitation des patients atteints de schizophrénie.

Lors d'une rencontre internationale sur la résistance au traitement dans la schizophrénie, Hogarty (1988) remarqua, suite à une revue des diverses approches réhabilitatives, que « la majorité des théories concernant le ou les déficits centraux partagent la conviction profonde que les schizophrènes typiques ne parviennent tout simplement pas à traiter objectivement les stimuli provenant de leur environnement interne ou externe » (p. 87). A son avis, la plupart des programmes de réhabilitation pour personnes schizophrènes ne sont pas structurés en fonction de ce facteur ou en fonction d'autres éléments concernant la pathophysiologie de ce trouble. Les méthodes présentées par Brenner et ses collaborateurs, bien que non directement inspirées par les remarques d'Hogarty, marquent un effort évident dans cette direction. Les auteurs, dans cette seconde édition d'un livre dont la première édition ne fut publiée qu'en allemand, présentent un modèle rationnel pour un programme de réhabilitation, basé précisément sur une structure théorique de la psychopathologie centrale de la schizophrénie. Le livre vise trois objectifs significatifs : (1) présenter une structure théorique de la nature des déficits observables chez les personnes atteintes de schizophrénie ; (2) indiquer comment le modèle, lorsqu'il est organisé dans une structure hiérarchique, constitue un guide pour l'organisation d'un programme de traitement à orientation cognitive ; (3) proposer au lecteur directives et exemples concrets de mise en pratique d'un tel programme.

Un concept-clé du livre est l'idée que les patients schizophrènes présentent des déficits à divers niveaux de l'organisation comportementale, et que des déficits à un niveau interfèrent avec le fonctionnement au niveau immédiatement supérieur. Vu l'organisation hiérarchique du fonctionnement cognitif, l'incapacité de focaliser l'attention et la perception empêche la mise en jeu des processus cognitifs à un niveau supérieur, et ceci affecte à son tour ce que les auteurs nomment des processus micro- et macro-sociaux, comme des habiletés sociales efficaces et des stratégies de maîtrise. Bien que la théorie mette l'accent sur un mouvement unidirectionnel passant des fonctions les plus simples du traitement de l'information aux comportements macro-sociaux, les auteurs reconnaissent que leur modèle implique également une direction inverse, où les difficultés à actualiser des compétences sociales augmentent la tension et peuvent réduire ainsi la qualité du traitement de l'information. De ce fait, un second corollaire de leur modèle, est que les programmes cognitifs de réhabilitation devraient être organisés de manière à minimiser les expériences d'échec pour que ce type de rupture des processus de base soit moins probable lorsque des fonctions supérieures sont sollicitées.

L'aspect véritablement original de ce livre est que ce modèle théorique a d'une manière très précise orienté le développement des tâches spécifiques et des procédés du processus thérapeutique. Ainsi les premières étapes visent à améliorer la qualité du traitement de l'information et des habiletés perceptuelles. Le premier sous-programme, intitulé *Différenciation cognitive*, mis en pratique dans de petits groupes de 4 à 8 patients avec un thérapeute et un co-thérapeute, commence par des tâches très simples, dans lesquelles on demande aux patients d'identifier différents critères sur des cartes. En accord avec le modèle, les thérapeutes doivent s'assurer que tous les patients comprennent la nature de la tâche avant de la commencer, afin d'éviter des problèmes dans le traitement cognitif des instructions, qui pourraient interférer avec la performance.

Une variété de tâches verbales et perceptuelles, ordonnées en fonction de leur complexité et difficulté, compose le sous-programme *Différenciation cognitive*. Lorsque ce sous-programme est maîtrisé, le groupe passe des exercices impliquant l'usage des compétences du traitement de l'information à des tâches de perception sociale. Par la suite, l'entraînement progresse des compétences verbales-analytiques plus complexes aux compétences sociales et finalement aux habiletés de résolution de problèmes interpersonnels.

Un aspect particulièrement utile de ce livre est la compilation des transcriptions de séances thérapeutiques pour chaque module du programme. Ces vignettes fournissent des exemples sur la manière d'intégrer les détails du programme ainsi que sur les stratégies utilisées avec des patients davantage handicapés dans leur fonctionnement cognitif. Ces exemples, non seulement apportent suffisamment de détails à celui qui souhaite appliquer un tel programme, mais illustrent aussi clairement l'attitude thérapeutique requise, qui ne consiste pas en l'application mécanique de procédés. Au contraire, les thérapeutes doivent être sensibles aux états cognitifs et affectifs des différents patients composant le groupe, ainsi que réagir adéquatement en fonction du degré d'hétérogénéité des participants. Quiconque désire mettre en place le Programme intégratif de thérapies psychologiques (IPT), doit s'assurer que les thérapeutes sont des cliniciens compétents et sensibles qui comprennent aussi bien le modèle sous-tendant le programme que les indices de variation transitoire des états cognitifs et affectifs de la personne atteinte de schizophrénie.

Se basant sur les essais cliniques effectués avec la première version de la méthode IPT, cette nouvelle édition du livre présente en addenda les modifications du programme telles qu'elles ont été proposées par les collègues allemands Sybille Kraemer, Gabriele Dinkhoff-Awiszus et Hans-Jürgen Möller. Ceux-ci ont élaboré des modifications dans les sous-programmes *Perception sociale*, *Compétences sociales* et *Résolution de problèmes interpersonnels*, en adaptant plus particulièrement un programme d'entraînement au stress dans la lignée développée par mon collègue Robert Liberman à Los Angeles. Ces modifications reflètent les expériences accumulées avec le procédé original et semblent constituer une adjonction utile.

Ce livre représente avant tout un effort remarquable d'intégration de la théorie et de la pratique dans la réhabilitation de personnes atteintes de schizophrénie. Les professionnels dans ce domaine ne peuvent qu'admirer Brenner et ses collaborateurs pour leur travail minutieux et systématique à la base du programme IPT. Les auteurs ont créé une norme pour les programmes de réhabilitation destinés aux patients psychiatriques et tous les programmes futurs devront en tenir compte.

Michael J. Goldstein, Ph.D.
University of California
Los Angeles, 1994

Note des auteurs

Cette adaptation française, qui a été développée à partir des travaux pilotes en Suisse francophone (Konen, Neis, Hodel & Brenner, 1993), ne correspond pas à une traduction littérale du texte original. De nombreuses modifications dans la présentation y ont été apportées dans le but de rendre le manuel le plus pratique et le moins redondant possible. Elles concernent essentiellement la description des exercices qui a été condensée et restructurée par rapport à l'original. D'autre part, cette adaptation intègre une mise à jour au niveau théorique ainsi que les éléments les plus récents du développement de l'IPT qui ne se trouvent pas dans l'édition originale.

Nous avisons le lecteur anglophone qu'il existe une version anglaise de l'IPT (Brenner *et al.*, 1995) reproduisant dans son intégralité la structure et le contenu du manuel original.

PREMIÈRE PARTIE

INTRODUCTION

Chapitre 1
Fondements théoriques

Hans Dieter Brenner

Dans cet ouvrage, la schizophrénie est considérée d'un point de vue biopsychosocial comme étant une dysfonction systémique plutôt qu'une maladie au sens médical du terme. Cette dysfonction systémique peut être comprise en tant qu'expression de variations neurobiologiques au niveau de l'organisation cérébrale, déviations génétiquement déterminées ou acquises qui sont à l'origine de différences individuelles dans la perception et la pensée (c'est-à-dire dans le processus du traitement de l'information). De telles différences interagissent avec des facteurs environnementaux dans un mouvement de transformation de ces déviations biologiques en symptômes manifestes.

Le concept de traitement de l'information englobe tous les processus de classification, d'association et d'évaluation des informations à la base du vécu et du comportement. Les théories du traitement de l'information chez l'être humain cherchent à suivre le flux des informations, depuis leur saisie jusqu'à leur traduction en conduites observables, en passant par le processus de traitement proprement dit; l'organisme humain y est conçu en tant que système cybernétique ouvert. Les modèles du traitement de l'information représentent dès lors un cadre théorique permettant de définir les composantes du système.

Les chercheurs travaillant dans la psychologie expérimentale se sont intéressés depuis toujours à la position d'interface des troubles du traitement de l'information caractéristiques du patient schizophrène. Au cours

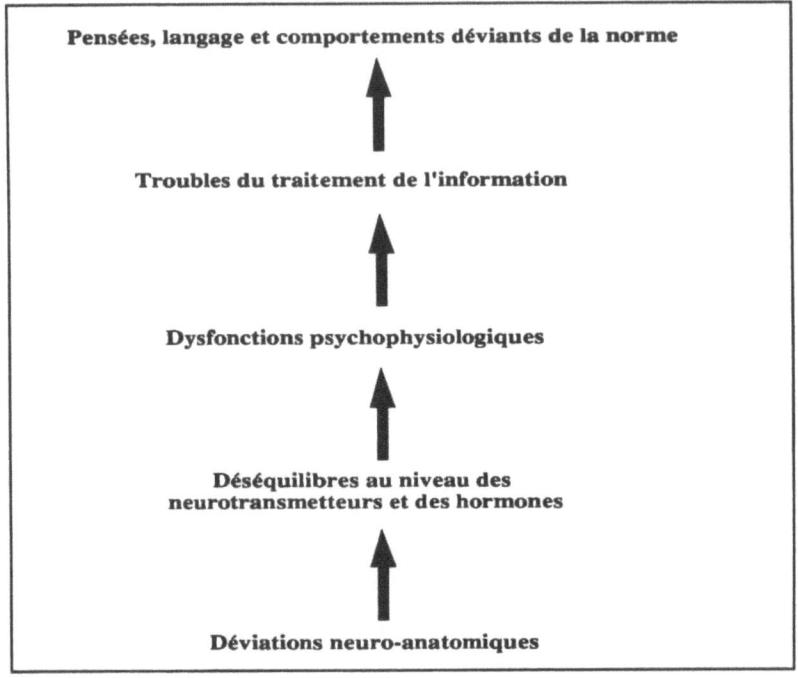

Figure 1 — Relations entre les déviations de la norme biologique et les symptômes cliniques.

de cette dernière décennie, divers auteurs comme Spohn et Patterson (1979), Nuechterlein et Dawson (1984a) ou Braff (1985) ont conçu les rapports entre déviations neurobiologiques et symptômes cliniques comme une progression verticale au sein d'une structure hiérarchiquement organisée (v. figure 1).

Dans la mesure où une telle représentation se limite à des relations linéaires, elle ne rend pas justice au caractère systémique de l'approche biopsychosociale. Certes, les systèmes traitant l'information au sein du système nerveux central se développent parallèlement aux réseaux neuronaux génétiquement programmés du néo-cortex, c'est-à-dire avant tout pendant la croissance post-natale des axones et la formation des synapses. La maturation de ces derniers nécessite pourtant des expériences sensorielles continues. L'activité neuronale constitue ainsi un facteur de structuration déterminant. Or, aussi longtemps que cette activité neuronale est modulée par des informations externes, ces dernières influencent également l'évolution des réseaux neuronaux, et par là, les caractéristiques structurelles de l'organisation cérébrale. Donc, au-delà des déviations neuro-anatomiques supposées à l'origine de déséquilibres neurobiologiques, des facteurs psychosociaux pathogènes peuvent déterminer des dysfonctionnements persistants dans les domaines de l'attention, de la perception et de la pensée.

L'accentuation de chaque dysfonction est liée à des états cérébraux fonctionnels propres; ceci signifie que les dysfonctions peuvent être renforcées ou réduites aussi bien par des influences autonomes internes que des facteurs externes (*cf.* Koukkou-Lehmann, Tremel & Manske, 1991). Voilà pourquoi il n'est pas surprenant que les mesures des troubles du traitement de l'information et encore moins des dysfonctions psychophysiologiques trouvées en laboratoire expérimental ne révèlent que peu de relations directes avec les symptômes de la maladie ou les déficits sociaux.

Le caractère intermédiaire des troubles du traitement de l'information, en tant qu'interface entre les bases biologiques du comportement (spécialement l'organisation structurelle et fonctionnelle du cerveau), la symptomatologie manifeste de la maladie et les déficits sociaux, doit être considéré à deux égards. D'un côté, ces troubles évoluent au cours du développement individuel à travers les interactions de facteurs génétiques, constitutionnels et psychosociaux; de l'autre, ils forment le lien entre les déviations des normes biologiques et comportementales. Des modifications spécifiques apparaissent chez le patient schizophrène dans de multiples domaines du traitement de l'information. Les dysfonctions suivantes ont été décrites comme étant des troubles cognitifs de base dans cette population clinique : difficultés dans la sélection des stimuli significatifs et l'inhibition de ceux insignifiants, déficits dans la capacité à maintenir ou à déplacer de manière flexible le focus du traitement de l'information, problèmes dans la reproduction immédiate de stimuli visuels ou auditifs, disponibilité non fiable des informations stockées, difficultés dans l'identification de stimuli, capacités d'abstraction réduites, formation de concepts inhabituels, fautes dans le raisonnement syllogistique et analogique, restrictions du choix de réponses dues à des interférences entre réactions concurrentes. Par ailleurs, des troubles de la mémoire visuelle et sémantique ainsi que de l'apprentissage verbal, ont dernièrement suscité une attention plus importante (*cf.* Saykin *et al.*, 1991). Dans les tâches d'apprentissage, les patients schizophrènes tendent à réagir de façon excessive à des indices immédiats, mais à négliger les stimuli plus éloignés dans le temps. Ces particularités, et d'autres, se manifestent avant tout lorsque les indices importants se réfèrent à l'expression d'émotions ou à des significations abstraites (*cf.* Cleghorn & Albert, 1990).

Des recherches récentes ont montré que ces troubles délimitent dans les tests neuropsychologiques un profil typique de la schizophrénie. Ils ont un caractère non progressif et demeurent relativement stables dans le temps : ils peuvent aussi bien précéder que suivre un épisode schizophrénique (*cf.* Goldberg, Berman & Weinberger, 1995). En outre, ils se manifestent déjà avec une fréquence significativement plus élevée chez des sujets à haut risque (par exemple chez des enfants ayant un parent schizophrène). L'ensemble de ces données permet de parler d'une «vulnérabilité cognitive» à la schizophrénie.

D'un point de vue étiologique et thérapeutique, il est fort intéressant de relever comment les opinions précédentes concernant le rôle des troubles du traitement de l'information caractéristiques de la schizophrénie correspondent aux résultats les plus récents de la recherche neurobiologique. A travers un grand nombre de méthodes de recherche, les examens morphométriques neuropathologiques des dernières années confirment de manière constante des déviations microscopiques et macroscopiques spécifiques : au niveau macroscopique, on a trouvé un poids et un volume réduits du cerveau en général, et du lobe temporal médial en particulier (plus spécialement la formation de l'hippocampe, l'amygdale, le gyrus hippocampal et, de manière moins marquée, le septum interne et le globus pallidus), ainsi qu'un élargissement du système ventriculaire, plus particulièrement des cornes antérieures et temporales des ventricules latéraux (Bogerts, Meertz & Schonfeldt-Bausch, 1985; Brown *et al.*, 1986; Bruton, Crow, Frith, Johnstone, Owens & Roberts, 1990; Crow *et al.*, 1989; Pakkenberg, 1987). Au niveau microscopique, ont été repérées des modifications focales cytoarchitectoniques, comme par exemple une désorganisation dans la formation des couches des cellules pyramidales, à nouveau spécialement dans le gyrus parahippocampal et l'hippocampe, donc dans les structures cérébrales paralimbiques et limbiques (Arnold, Hyman, van Hoesen & Damasio, 1991; De Lisi *et al.*, 1985; Jakob & Beckmann, 1986). L'absence de modifications gliales concomitantes (par exemple une prolifération de cellules gliales, une augmentation des protéines gliales), que l'on attendrait en principe en tant que réaction à des processus dégénératifs, infectieux ou inflammatoires, suggère un trouble développemental intra-utérin d'origine génétique et/ou autre. Le type de particularités cytoarchitectoniques observées, ainsi que l'indépendance entre les modifications structurelles et la durée de la maladie, militent aussi en faveur de cette hypothèse. On pense à l'heure actuelle que des facteurs génétiques, des influences nocives pendant la grossesse, des facteurs saisonniers et des complications obstétricales contribuent, indépendamment les uns des autres mais de manière interactive, au développement des

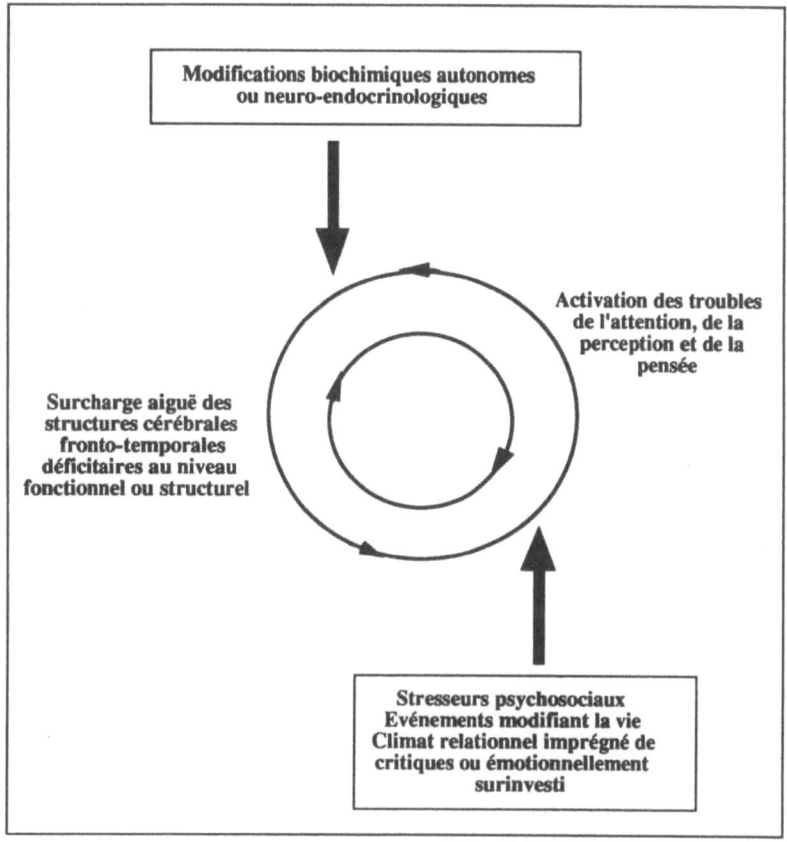

Figure 2 — *Interactions entre vulnérabilités biologique et cognitive.*

déviations neurobiologiques. C'est à ce titre que l'on peut parler d'une « vulnérabilité » biologique.

Il est connu des expériences animales que de tels troubles développementaux peuvent généralement conduire, dans le sens d'une réaction neuroplastique, à la formation de réseaux neuronaux anormaux et à des activations physiologiques anormales dans les régions cérébrales liées par voies de projection aux aires directement touchées. Des modifications neurochimiques y sont toujours associées. Par rapport à la schizophrénie, il s'agit surtout du cortex dorsolatéral préfrontal et des voies dopaminergiques mésolimbiques-mésocorticales.

Même si les divers modèles neuropathologiques ou neurophysiologiques (*cf.* par exemple Arnold *et al.*, 1991; Bogerts, 1989; Kirkpatrick & Buchanan, 1990; Roberts, 1991) évaluent de différentes manières les mutiples facteurs d'influence, et se distinguent quant aux priorités accordées aux diverses structures et fonctions cérébrales, un large consensus se dégage en ce qui concerne l'implication des structures temporolimbiques et des aires associatives hétéromodales (cortex associatif) qui y sont étroitement liées. Selon Bogerts (1989, 1990), ou Arnold et collaborateurs (1991), l'interaction des vulnérabilités biologique et cognitive peut être représentée de la manière suivante (v. figure 2).

On peut admettre qu'une anomalie des régions cérébrales fronto-temporales, en particulier du lobe temporal médial, présente depuis la toute première enfance, peut, dans le sens d'une variable-«trait» biologique, servir de base à l'action pathogène de facteurs-«états» biologiques. En ce qui concerne ces derniers, il faut évoquer avant tout des neurotransmetteurs dépendants de l'âge et du stress (par exemple la dopamine) ou des neurohormones (par exemple le cortisol).

La région cérébrale paralimbique est une aire associative sensorielle supramodale, dans laquelle toutes les informations provenant du monde extérieur ou de la périphérie du corps sont intégrées dans un échange étroit avec les structures limbiques (en particulier l'hippoccampe et l'amygdale); elles y sont comparées aux expériences stockées antérieurement, en fonction de leur importance contextuelle et émotionnelle. En étroite relation avec ceci, il se produit à travers des circuits de rétroaction une inhibition du cortex associatif d'un côté, un contrôle des impulsions et des émotions générées dans la région de l'hypothalamus, du septum et des structures profondes du tronc cérébral, d'un autre côté. Par là, la perception, la pensée, la motivation, les pulsions et les émotions sont coordonnées les unes avec les autres. En cas de surcharge des structures limbiques et paralimbiques pré-altérées, leur effet essentiellement inhibiteur sur les aires associatives sensorielles (précurseurs dans le traitement de l'information) et sur la région du septum et de l'hypothalamus (intervenant plus tard dans le déroulement du traitement de l'information), peut disparaître. Il est alors possible que se produisent un relâchement des processus associatifs typique de la schizophrénie, un manque de contrôle des processus attentionnels, perceptuels et cognitifs, ou une interférence d'associations et de réponses comportementales inadéquates dans un contexte donné. Simultanément, des réactions affectives élémentaires peuvent spontanément se libérer sans coordination avec les processus cognitifs. Sous un angle neuropsychologique, le rappel d'une expérience reproduisant la réalité nécessite la coactivation synchrone de

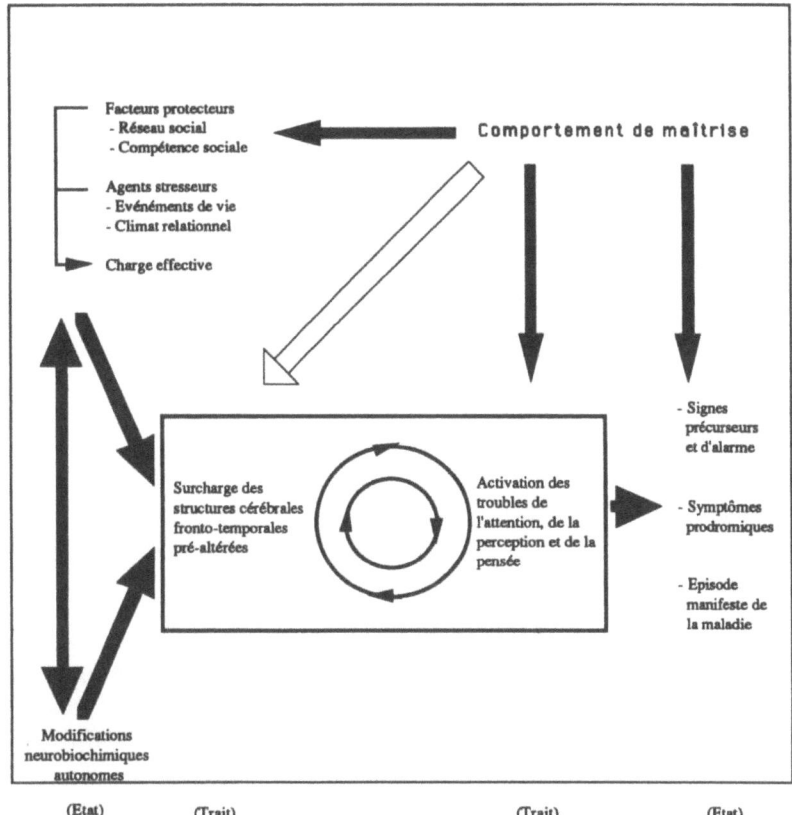

Figure 3 — *Processus de décompensation dans la schizophrénie.*

tous les éléments représentationnels constitutifs à l'origine de cette expérience (*cf.* Damasio, 1989). Les structures limbiques et paralimbiques y jouent probablement un rôle essentiel par leurs fonctions intégratives dans les processus perceptuels et par leur importance dans les processus mnémoniques et d'apprentissage. En particulier, dans certaines conditions physiologiques telles que des modifications de l'équilibre des neurotransmetteurs, soit autonomes, soit induites par le stress, leur hypoplasie développementale devrait mener à des troubles de ces processus de rétroactivation, et par là de l'épreuve de la réalité.

Sur la base de ces réflexions, le potentiel d'intégration théorique apporté par le concept de vulnérabilité cognitive peut le mieux s'illustrer à travers un schéma du processus de décompensation schizophrénique

(v. figure 3). D'une part, les troubles typiquement schizophréniques du traitement de l'information entravent le développement d'habiletés sociales adéquates et l'utilisation efficace de supports sociaux éventuellement existants. D'autre part, lors d'une charge manifeste, ils rendent plus difficile, voire impossible, une maîtrise effective des problèmes (coping). Les patients schizophrènes présentent de ce fait des déficits significatifs dans les compétences sociales, les conduites de résolution de problèmes et les comportements de maîtrise (Brenner, Hodel, Kube & Roder, 1987; Brenner, Hodel, Roder & Corrigan, 1992). Les troubles typiquement schizophréniques du traitement de l'information s'aggravent par la complexité et l'activation croissantes, ce qui peut aussi se produire à travers des modifications de l'état physiologique autonome. Ils se trouvent ainsi dans une interaction vicieuse avec les fonctions structurellement ou fonctionnellement limitées des structures cérébrales fronto-temporales. Le concept de «vulnérabilité cognitive» permet de la sorte une intégration plausible des variables «de trait» ou «d'état» biologiques avec des facteurs psychosociaux significatifs pour la schizophrénie, facteurs appartenant aussi bien à l'histoire individuelle du développement qu'à la situation actuelle.

En ce qui concerne la thérapie de la schizophrénie, le modèle de compréhension systémique développé ici met clairement en évidence que dans l'état présent des connaissances dans ce domaine seul un procédé thérapeutique multimodal peut s'avérer satisfaisant. Si l'on considère toutefois les traitements standards actuels de la schizophrénie, il apparaît que les diverses méthodes thérapeutiques restent souvent non coordonnées entre elles. Bien entendu, l'utilité d'un traitement neuroleptique dans les épisodes aigus et la prévention des rechutes est aujourd'hui reconnue. Mais les neuroleptiques seuls n'améliorent ni la capacité d'introspection du patient dans ses problèmes, ni la compréhension de soi-même; ils ne peuvent non plus rétablir l'image de soi ébranlée par le bouleversement existentiel du vécu psychotique, ni mener à de nouvelles conduites dans les relations interhumaines immédiates ou dans la maîtrise des exigences sociales. Pour cela, des mesures thérapeutiques supplémentaires sont nécessaires, mesures qui impliquent d'autres mécanismes d'action et qui visent d'autres niveaux de troubles.

Les données de la recherche en thérapie confirment que de meilleurs résultats thérapeutiques peuvent régulièrement être obtenus par l'association d'un traitement neuroleptique à des procédés sociothérapeutiques ou des programmes d'intervention psychosociale. Cependant, il n'est pas rare que ce succès reste limité, les acquisitions ne pouvant pas se généraliser suffisamment à la multitude des exigences réelles de la vie. Il peut

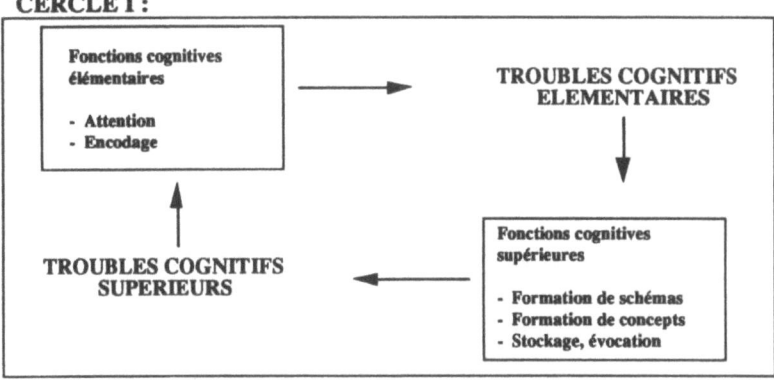

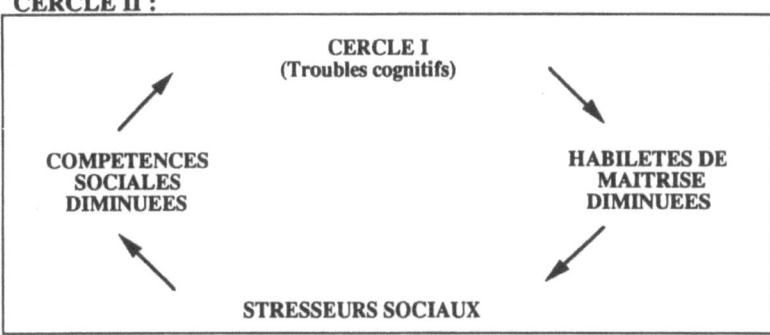

Figure 4 — Représentation schématique des cercles vicieux dans la schizophrénie.

même arriver que ces interventions aboutissent, par surcharge et surstimulation, à une récidive ou à une exacerbation de symptômes productifs aigus.

Grâce aux connaissances croissantes de la neurophysiologie et de la neuropsychologie de la schizophrénie, de tels événements sont attribués de plus en plus aux troubles persistants du traitement de l'information.

Bien que la nécessité de l'intégration d'interventions thérapeutiques biologiques, psychologiques et sociales soit acceptée, des lacunes apparaissent même lors d'une planification coordonnée. Jusqu'à présent, les processus médiateurs entre les dysfonctions neurochimiques et les symptômes ou les déficits comportementaux ont peu attiré l'attention au niveau thérapeutique. Et c'est précisément ici que se situe le centre d'intérêt du programme intégratif de thérapie psychologique présenté dans ce manuel. Son fondement théorique peut être schématisé par un modèle comprenant deux cercles vicieux (v. figure 4).

Ce modèle représente les effets des troubles du traitement de l'information sur d'autres niveaux de fonctionnement. Il se base sur l'hypothèse d'une action de «diffusion» (pervasiveness) d'après laquelle les troubles du traitement de l'information non seulement se renforcent mutuellement à travers leurs effets fonctionnels, mais exercent également une action sur la planification comportementale — impliquant des processus cognitifs élémentaires — et sur la compétence sociale. Ces interactions perturbatrices fonctionnelles peuvent être comprises comme cercles vicieux (*cf.* figure 4).

Le premier cercle montre une intensification mutuelle des troubles cognitifs, le second la diminution des compétences sociales à travers le premier. Dans la thérapie des patients schizophrènes on devrait donc intervenir au niveau du mouvement interactif des deux cercles avec l'objectif d'une réduction globale. Une amélioration isolée des troubles cognitifs devrait demeurer insuffisante parce que ces derniers peuvent se réactiver à travers leurs connexions avec les dysfonctionnements sociaux. A l'inverse, des interventions centrées uniquement sur les comportements semblent également insuffisantes, les déficits sociaux pouvant réapparaître à travers la corrélation avec le premier cercle. Aussi convient-il de lier et de synchroniser entre elles les interventions cognitives et sociales. C'est plus spécialement cette optique intégrative qui a déterminé le développement du programme intégratif de thérapie psychologique présenté en détail dans les chapitres suivants, et qui a promu sa large diffusion.

Chapitre 2
Instruments diagnostiques pour l'indication différentielle et l'évaluation de la thérapie

Volker Roder

1. INDICATION DIFFÉRENTIELLE

L'IPT est divisé en deux parties. Toutefois, sur la base des expériences cliniques et des recherches empiriques (Hodel & Brenner, 1988, février; Roder, 1988), les premiers sous-programmes de l'IPT (sous-programmes d'entraînement cognitif) ne sauraient être considérés pour tous les patients comme l'étape préalable à la seconde partie du programme, qui vise une amélioration des habiletés sociales et de résolution de problèmes (*cf.* Brenner, 1989). L'utilisation schématique des cinq sous-programmes n'est donc pas conseillée. En plus des mesures de contrôle présentées plus loin, les critères énumérés dans le tableau 1 permettent de poser une indication différentielle. Des instruments d'analyse des problèmes plus spécifiquement développés à cet effet peuvent rendre de précieux services (Roder, 1989, octobre).

Les sous-programmes cognitifs de l'IPT sont particulièrement adaptés aux patients qui présentent une ou plusieurs des caractéristiques suivantes : troubles cognitifs prononcés, anxiété sociale importante, symptomatologie négative prépondérante, faible motivation pour la thérapie, longue durée d'hospitalisation. La forte structuration et la charge émotionnelle minime de ces sous-programmes donnent à de tels patients une première possibilité de s'engager dans des interactions sociales à l'intérieur d'un cadre thérapeutique pas trop stimulant.

> **Thérapie cognitive**
> (Différenciation cognitive; Perception sociale;
> Communication verbale, degrés 1, 2 et 3)
>
> – Troubles cognitifs prononcés
> – Anxiété sociale importante
> – Symptomatologie négative prépondérante
> – Faible motivation pour la thérapie
> – Longue durée d'hospitalisation
>
> **Thérapie visant une amélioration des compétences sociales**
> (Communication verbale, degrés 4 et 5; Compétences sociales;
> Gestion des émotions; Résolution de problèmes)
>
> – Compétences insuffisantes dans la gestion des situations sociales
> – Hospitalisations brèves à répétition
> – Age relativement jeune
> – Motivation suffisante pour la thérapie
> (En plus : patients ayant terminé avec succès la partie cognitive de l'IPT)
>
> **Evaluation et indication au moyen de :**
>
> – Analyse des problèmes
> – Tests
> – Méthodes d'hétéro et d'auto-évaluation

Tableau 1 — Eléments pour l'indication différentielle aux sous-programmes de l'IPT.

Après avoir achevé avec succès la thérapie cognitive, les patients accèdent à la seconde partie consacrée à l'entraînement aux compétences sociales. Une analyse fonctionnelle cognitivo-comportementale des problèmes (*cf.* tableau 2), combinée à des tests, des méthodes d'auto et d'hétéro-évaluation, servira à poser l'indication et à planifier de manière précise le travail thérapeutique à accomplir. Lors de la mise en pratique de cette seconde partie de l'IPT, des exercices isolés issus de la thérapie cognitive peuvent à nouveau trouver leur utilisation.

L'accès immédiat aux sous-programmes plus exigeants de l'IPT devrait être réservé aux patients qui n'ont pas de troubles cognitifs prononcés, mais qui montrent les caractéristiques suivantes : déficits dans les capacités à gérer les situations sociales, patients plutôt jeunes et motivés pour la thérapie, hospitalisations répétées de brève durée. Chez ce groupe de patients, qui souvent habitent à l'extérieur de l'institution, voire travaillent, les problèmes et questions liés à la gestion de la vie quotidienne sont presque toujours au premier plan (par exemple : gestion des problèmes sur le lieu de travail ou au sein du couple, difficultés en rapport avec les tâches domestiques). Les efforts thérapeutiques doivent de la sorte se concentrer directement sur cette problématique.

2. ÉVALUATION DE LA THÉRAPIE

Sur la base de nos expériences, nous estimons que c'est à partir d'une analyse exhaustive des problèmes et des comportements que l'on peut le mieux planifier et évaluer une thérapie. L'objectif d'une analyse des problèmes avec le patient schizophrène consiste à intégrer un grand nombre d'informations spécifiques (par exemple sur le comportement social, les troubles cognitifs, le développement), afin d'élaborer par la suite une planification de la thérapie à court et à long terme, fondée sur les principes théoriques de l'apprentissage. On peut en outre utiliser des instruments standardisés mesurant des paramètres cognitifs et sociaux (v. ci-dessous). Le tableau 2 donne un aperçu global des procédés et du contenu d'une telle analyse de problèmes suivie par la planification des interventions.

Par analyse de problèmes, on entend d'abord une saisie différenciée ainsi qu'une description à plusieurs niveaux (comportements, cognitions, émotions) des difficultés actuelles du patient. Au moyen d'une analyse des conditions qui mettent en évidence les antécédents et les conséquences d'un problème spécifique, on peut élaborer des hypothèses qui aident à clarifier les relations fonctionnelles entre ces éléments. Suit une analyse des motivations qui porte sur deux aspects : 1) possibilités de changement dans les domaines problématiques observés, 2) facteurs stimulants de base pour le patient. L'analyse de problèmes se termine par une description du vécu et des comportements non problématiques ainsi que des relations sociales actuelles.

L'examen des conditions socio-culturelles sert en première ligne à comprendre les problèmes et difficultés actuels du patient, à partir de son histoire personnelle, mais aussi à partir des modifications récentes qui se sont produites dans sa vie.

Dans le cadre des classifications diagnostiques on cherche à objectiver, à travers l'emploi d'instruments psychodiagnostiques appropriés, les variables de performance importantes ainsi que les domaines du comportement social, qui pourraient fournir des indications-clefs en vue d'une sélection des méthodes psychothérapeutiques les mieux adaptées afin de favoriser et contrôler un processus optimal de changement. De plus, la symptomatologie psychopathologique est soumise à examen. Le tableau 3 réunit des exemples de différents instruments de mesure; chacun de ces instruments est caractérisé en termes de test, d'auto et hétéroévaluation.

A. ANALYSE DE PROBLEMES

1. **Description des domaines problématiques**
   1.1. Comportements observables
   1.2. Cognitions
   1.3. Emotions
   1.4. Eléments particuliers

2. **Analyse des conditions maintenant le comportement problématique et formulation d'hypothèses**
   2.1. Antécédents
   2.2. Conséquences
   2.3. Hypothèses

3. **Analyse de motivation**
   3.1. Par rapport aux problèmes
      3.1.1. Discrépances entre l'auto- et l'hétéro-description
      3.1.2. Désir de changement de la part du patient
   3.2. En général
      3.2.1. Objectifs réhabilitatifs individuels
      3.2.2. Renforcements possibles

4. **Vécu et comportements non problématiques (actifs ou ressources)**

5. **Relations sociales actuelles**
   5.1. Au sein de la clinique
   5.2. A l'extérieur de la clinique

B. CONDITIONS SOCIO-CULTURELLES

6. **Analyse du développement**
   (Particularités en relation avec le problème lors de l'enfance et l'adolescence, essentiellement sur le plan familial)

7. **Modifications récentes dans la constellation existentielle**
   (par exemple perte de partenaire, licenciement au travail)

C. CLASSIFICATION DIAGNOSTIQUE

8. **Psychodiagnostic**

9. **Psychopathologie (DSM-III R ou IV, CIM-10, BPRS, etc.)**

10. **Status somatique**
    (particularités organiques en rapport éventuel avec le problème)

D. HISTOIRE DU PROBLEME ET DU TRAITEMENT

11. **Programmes psycho- et socio-thérapeutiques**

12. **Traitements médicamenteux**

E. PLANIFICATION DE LA THERAPIE

13. **Sélection des méthodes thérapeutiques**

14. **Contenu et planification des procédés**

Tableau 2 — Analyse de problèmes et planification de la thérapie.

Pour une évaluation standardisée des troubles du traitement de l'information, des instruments comme le test d'attention-encombrement (D2; Brickenkamp, 1978), les matrices progressives de Raven (Raven, 1956), le test de rétention visuelle de Benton (Benton, 1965) ou le Questionnaire de Francfort concernant les difficultés psychologiques (FBF) de Süllwold (Neis & Süllwold, 1983; Süllwold & Huber, 1986) ont déjà fait leurs preuves. L'évaluation du comportement social peut être réalisée au moyen du «Disability Assessment Schedule» (Organisation Mondiale de la Santé, 1988) ou du «Social Interview Schedule» (Clare & Cairns, 1978). La description de la psychopathologie (par exemple avec la Brief Psychiatric Rating Scale, BPRS; Overall & Gorham, 1962; Pichot, Overall & Gorham, 1967) et un diagnostic établi selon les critères du DSM-III R, du DSM-IV ou de la CIM-10, complètent les données déjà recueillies, surtout dans une perspective d'intervention pharmacologique. Enfin, un examen somatique soigneux permet de mettre à jour un lien éventuel entre un certain style de vie, des comportements problématiques et de possibles origines organiques; il clôt la classification diagnostique (v. tableau 2).

Domaine de mesure	Instrument de mesure	Test	Hétéro-évaluation	Auto-évaluation
Traitement de l'information	Matrices progressives de Raven	X		
	Test d'attention - encombrement D2	X		
	Test de rétention visuelle de Benton	X		
	Questionnaire de Francfort concernant les difficultés psychologiques (FBF2 / FBF3)			X
Comportement social	Disability Assessment Schedule		X	
	Social Interview Schedule		X	
Psychopathologie	BPRS		X	

Tableau 3 — Exemples d'instruments de mesure pour la planification et l'évaluation de la thérapie.

En règle générale, les patients psychiatriques présentent une longue histoire de traitements antérieurs dans les domaines pharmacologique, psychothérapeutique et sociothérapeutique. Par une étude détaillée de cette histoire on peut déceler certaines « régularités » ou « lois ». De ce fait, le thérapeute détient des informations lui pemettant d'éviter la répétition d'interventions thérapeutiques infructueuses. En outre, il est possible de retracer la genèse et l'évolution des problèmes au cours des thérapies précédentes.

Sur la base de toutes les données à disposition, un plan de thérapie est formulé ; il devra être retravaillé et ajusté tout au long de la prise en charge (« thérapie comme processus de résolution de problèmes »). L'élaboration concrète d'un tel plan s'effectue en deux étapes. Dans un premier temps, on propose et justifie pour chaque domaine problématique des méthodes thérapeutiques spécifiques. Comme on ne peut presque jamais intervenir simultanément sur tous les domaines problématiques, il s'agit de faire un choix adéquat (focalisation). Celui-ci est arrrêté en fonction de la motivation du patient à changer un aspect particulier, de la probabilité de succès et des exigences de la réhabilitation quotidienne. Dans un second temps, on établit un plan du processus thérapeutique par rapport au temps et au contenu. Les objectifs à court et à long terme y seront différenciés. On choisit à chaque étape les méthodes thérapeutiques en fonction des problèmes abordés ; selon le degré de sa complexité, chaque domaine problématique sera travaillé en plusieurs phases progressives (en avançant des buts simples vers des objectifs plus difficiles à atteindre). C'est là que l'indication différentielle permet d'opter pour une utilisation différenciée des six sous-programmes de l'IPT[1].

Bien que la première réalisation d'une analyse cognitivo-comportementale nécessite pour chaque patient entre sept et dix heures, à long terme cet effort s'avère payant. Le choix des instruments diagnostiques est arrêté en fonction de l'analyse des problèmes et du cas individuel ; on évite ainsi au patient et à l'évaluateur l'emploi routinier de multiples outils. Les informations obtenues pendant la thérapie complètent ensuite de manière permanente et économique l'évaluation initiale, dans le sens d'un contrôle continu de l'évolution du processus. La prise d'une décision par l'équipe soignante au sujet du procédé s'en trouve facilitée et objectivée, car pour chacun toutes les informations sur un patient deviennent accessibles et transparentes. Une planification précise des objectifs aide à formuler les critères d'efficacité de la prise en charge. De même, les personnes référentes de chaque patient, en général des membres de l'équipe soignante qui mènent l'analyse des problèmes en collaboration avec et sous la supervision d'un psychologue ou d'un médecin, sont intégrées de manière optimale dans le processus thérapeutique et prennent une part de responsabilité importante.

NOTE

[1] Pour des fiches de saisie, des instruments de mesure et d'évaluation, voir Roder, Brenner, Kienzle & Hodel (1988; version allemande de l'IPT) ou Brenner, Roder, Hodel, Kienzle, Reed & Liberman (1994; version anglaise de l'IPT).

Chapitre 3
Résultats des études empiriques
Bettina Hodel

Les premières études d'évaluation de l'IPT ont été menées, indépendamment les unes des autres, il y a quelques années déjà avec des patients schizophrènes de différents types (Brenner *et al.*, 1987; Hermanutz & Gestrich, 1987; Kraemer, Sulz, Schmid & Lassle, 1987). Dans ces études un design pré-post a été utilisé où un groupe IPT et des groupes de contrôle ont été comparés avec des batteries de tests standardisés saisissant l'état psychopathologique ainsi que les performances au niveau de l'attention, de la perception et de la cognition. Par rapport aux groupes de contrôle, les groupes IPT se sont améliorés de manière significative dans chacun de ces tests. Le follow-up de l'étude comprenant le plus grand échantillon de patients (N = 43) a montré que 18 mois après la fin du programme, les groupes IPT se distinguaient de manière significative des groupes de contrôle au niveau des fonctions attentionnelles et cognitives ainsi que dans l'adaptation psychosociale. Le taux de réhospitalisation dans les groupes IPT au cours de la période du follow-up était significativement inférieur à celui des groupes de contrôle (Brenner *et al.*, 1987). Une étude plus récente réalisée par Blumenthal (Blumenthal, Bell, Schüttler & Vogel, 1993), avec 81 patients schizophrènes chroniques, attribués de manière aléatoire soit au groupe IPT soit à un groupe de contrôle placebo, a mis en évidence que des améliorations significatives des fonctions de l'attention, de la capacité de concentration ainsi que de la quantité de troubles cognitifs subjectivement vécus se rencontraient uniquement chez les sujets ayant participé à IPT. Le tableau 4 donne un aperçu global des études d'évaluation mentionnées.

Auteurs	Groupes	Données concernant les patients (moyennes)	Interventions IPT	Durée du traitement	Effets de l'IPT (pré-test, post-test, follow-up)
Brenner et al. (1987/1990)	GE : 14 GCP : 15 GC : 14 CIM-9 : 295 (sans 295.5 et 295.7)	Age : 33 QI : 98 Durée de la maladie : 6 ans Durée d'hospitalisation : 15 ans	Tous les sous-programmes	12 semaines (4 x 60-75 min./sem.)	Effets significatifs dans les mesures cognitives et psychopathologiques, après 18 mois également dans les mesures sociales
Brenner et al. (1987)	GE : 6 GC : 6 CIM-9 : 295 (sans 295.5 et 295.7)	Age : 44 QI : 102 Durée de la maladie : 22 ans Durée d'hospitalisation : 15 ans	Tous les sous-programmes	20 semaines (4 x 60 min./sem.)	Effets significatifs dans une mesure cognitive; tendance à des effets positifs dans les mesures psychopathologiques
Brenner et al. (1987)	GE : 10 GC : 8 CIM-9 : 295 (sans 295.5 et 295.7)	Age : 30 QI : 103 Durée de la maladie : 7 ans Durée d'hospitalisation : 2 ans	Tous les sous-programmes	16 semaines (4 x 75 min./sem.)	Effets significatifs dans les mesures cognitives et psychopathologiques
Kraemer et al. (1987)	GE : 17 GC : 13 DSM-III	Age : 46 QI : 93 Durée d'hospitalisation : 2 ans	Différenciation cognitive; Perception sociale; Stratégies cognitives de maîtrise	12 semaines (5 séances/ sem.)	Effets significatifs dans les mesures cognitives et psychopathologiques
Blumenthal et al. (1987)	GE : 51 GC : 30 DSM-III	Age : 30 Durée d'hospitalisation : 6 mois	Tous les sous-programmes	12 semaines (5 séances/ sem.)	Effets significatifs dans toutes les mesures excepté le test de Benton

Tableau 4 — Etudes évaluatives principales de l'IPT (GE : groupe expérimental IPT; GC : groupe de contrôle; GCP : groupe de contrôle placebo).

A côté des évaluations globales de l'IPT des questions plus spécifiques ont également été examinées. Par exemple, lors d'une analyse secondaire des données obtenues dans l'évaluation de 18 patients schizophrènes (v. tableau 4), les résultats de l'IPT ont été différenciés au moyen du «multidimensional scaling model» (Kruskal, 1977). Il en est ressorti que l'IPT agit de façon spécifique sur les fonctions cognitives et sociales, sans que pour autant les effets thérapeutiques ne se confondent les uns avec les autres (Brenner, Kraemer, Hermanutz & Hodel, 1990).

Par ailleurs, un certain nombre de questions se sont posées au sujet de l'évaluation de chaque sous-programme de l'IPT. En 1983 déjà, l'efficacité du sous-programme «Perception sociale», comparée à des activités placebos, a été testée auprès de 18 patients schizophrènes chroniques (Hodel, 1983), et des effets spécifiques du sous-programme ont été observés.

Quelques années plus tard, Roder (1988) a étudié l'efficacité du sous-programme «Différenciation cognitive» au niveau des fonctions cognitives et sociales de 18 patients schizophrènes. Il a utilisé un design intragroupe dans lequel les groupes expérimentaux servaient eux-mêmes de groupes de contrôle à travers les données initiales recueillies avant la thérapie. L'efficacité du sous-programme a pu être ainsi vérifiée pour les fonctions cognitives, mais pas pour les compétences sociales.

Une étude récente a examiné les effets des sous-programmes «Différenciation cognitive» et «Perception sociale» en comparaison à des conditions placebos (Zanello, Hodel & Eisele, 1994, octobre). Ici également, des améliorations significatives ont été montrées en faveur des groupes IPT, en particulier au niveau des fonctions de l'attention et des fonctions cognitives plus complexes. Dernièrement, Hodel & Brenner (sous presse-b) ont évalué le nouveau sous-programme «Gestion des émotions» avec un total de 31 patients schizophrènes chroniques : le sous-programme a été comparé d'une part à un programme de thérapie corporelle et d'autre part à un entraînement cognitif. D'après les résultats, le sous-programme «Gestion des émotions», contrairement aux deux autres approches, amène des améliorations significatives des fonctions de l'attention, des fonctions cognitives plus complexes et du comportement social.

D'autre part, certaines questions spécifiques ont été posées quant à l'efficacité différentielle des interventions cognitives et sociales de l'IPT (1re et 2e parties de l'IPT).

Vogel (1987) et Posselt (1989) ont été les premiers à comparer ces deux sections avec des patients schizophrènes chroniques. Les sous-programmes cognitifs («Différenciation cognitive», «Perception sociale», «Communication verbale» degrés 1 et 2) étaient mis en pratique dans un groupe, tandis qu'un autre accomplissait la deuxième partie du programme («Communication verbale» degrés 3 à 5, «Compétences sociales», «Résolution de problèmes»). Un troisième groupe suivait un programme placebo. Les résultats obtenus militent en faveur des sous-programmes cognitifs et sociaux qui, contrairement à la condition placebo, ont montré leur efficacité pour les fonctions attentionnelles, perceptuelles, les fonctions cognitives plus complexes et les fonctions sociales.

Kraemer et collaborateurs (1991) ont rapporté les résultats d'une étude dans laquelle la partie cognitive de l'IPT était comparée aux sous-programmes sociaux. Ils ont ajouté aux sous-programmes cognitifs un entraînement aux « stratégies cognitives de maîtrise », comparable au procédé de Meichenbaum et Cameron (1973), comprenant des auto-instructions. L'efficacité des deux parties de l'IPT a pu également être prouvée.

L'étude plus récente de Hodel (1993) compte parmi les plus importantes. Elle inclut 21 patients schizophrènes chroniques et examine la possibilité d'un effet global de l'amélioration des fonctions cognitives sur les sous-programmes sociaux, ou au contraire d'un effet global de l'amélioration des fonctions sociales sur les sous-programmes cognitifs, lorsque ceux-ci sont réalisés après la partie sociale. Les patients attribués aléatoirement aux deux groupes ont bénéficié des interventions IPT, selon un plan en miroir (Friedrich & Hennig, 1988) qui assure une consistance interne élevée. Un groupe commença avec les sous-programmes cognitifs « Différenciation cognitive » et « Perception sociale », pour travailler ensuite sur les sous-programmes sociaux (« Compétences sociales », « Résolution de problèmes »). Après, les sous-programmes furent repris, mais cette fois dans l'ordre inverse (d'abord les sous-programmes sociaux, puis les cognitifs). Le second groupe travailla formellement selon le même plan, mais en miroir, l'ordre des interventions étant inversé par rapport au premier groupe. Les tests utilisés comme mesures de contrôle saisissaient des performances attentionnelles et perceptuelles simples, des fonctions cognitives plus complexes et des particularités dans le comportement social et la psychopathologie.

Tableau 5 — Comparaison des différentes séquences d'intervention lors de la réalisation de l'IPT (valeurs moyennes pour les pré et post-tests; comparaison au moyen du test de Wilcoxon).

Groupe séquence d'intervention «cognitive-sociale» - «sociale-cognitive» (N=10)						
	Moyenne		Ecart-type			
Instruments de mesure	Pré-test	Post-test	Pré-test	Post-test	z	p
Silben merken (Mémorisation de syllabes Fahrenber et al., 1977)	3.3	4.3	2.9	1.5	-1.784	n.s.
Questionnaire de Francfort concernant les difficultés psychologiques	23.9	18.3	14.7	15.1	-1.681	n.s.
Social Interview Schedule	10.7	8.8	4.3	6.0	-1.826	n.s.
NOSIE Adaptation sociale	42.1	38.3	9.8	8.1	-2.701	0.006
BPRS Dépression	14.8	10.0	8.0	9.2	-2.801	0.005
BPRS Anergie	9.7	5.1	11.2	3.5	-2.650	0.008
BPRS Hostilité	7.1	4.8	4.3	4.5	-2.073	0.038

Groupe séquence d'intervention «sociale-cognitive» - «cognitive-sociale» (N=11)

Instruments de mesure	Moyenne		Ecart-type		z	p
	Pré-test	Post-test	Pré-test	Post-test		
Silben merken (Mémorisation de syllabes Fahrenber et al., 1977)	3.9	5.1	2.1	2.3	-1.886	0.053
Questionnaire de Francfort concernant les difficultés psychologiques	26.7	6.9	25.1	19.2	-2.521	0.012
Social Interview Schedule	8.5	11.7	9.3	4.7	-2.170	0.030
NOSIE Ralentissement	12.5	9.5	12.3	10.1	-2.487	0.012
BPRS Dépression	11.8	7.6	5.6	3.2	-2.547	0.011
BPRS Anergie	8.7	5.3	7.8	4.5	-2.488	0.013
BPRS Troubles de la pensée	7.5	4.9	4.3	3.5	-2.366	0.018

A la fin de la thérapie, le groupe qui avait commencé par la partie sociale de l'IPT présentait des améliorations significatives par rapport à l'autre groupe dans les fonctions attentionnelles ainsi qu'au niveau des troubles cognitifs subjectivement perçus. Les deux groupes montraient cependant des améliorations significatives comparables dans les domaines sociaux et psychopathologiques (cf. tableau 5).

En résumé, la comparaison entre groupes montre que des améliorations significatives au niveau de l'attention, de la perception et des fonctions cognitives plus complexes peuvent être obtenues avec l'IPT. Les tests cognitifs utilisés dans les études d'évaluation apparaissent trop complexes dans leurs exigences, car ils font appel non seulement aux fonctions élémentaires mais également à d'autres fonctions (Mussgay & Olbrich, 1988). En raison de cette limitation et des demandes complexes du contenu du programme thérapeutique, Mussgay et Olbrich arrivent à la conclusion suivante : l'application de l'IPT n'amène pas une réduction des troubles cognitifs élémentaires chez le patient schizophrène, mais elle contribue plutôt au développement de stratégies de compensation. Le fonctionnement est vraisemblablement facilité par d'autres processus de traitement de l'information (cf. conclusions similaires chez Brenner et al., 1987).

A ces considérations on peut joindre quelques hypothèses concernant les mécanismes d'efficacité de l'IPT, qui s'appuient en particulier sur les résultats de l'étude de Hodel (1993), laquelle a trouvé de faibles améliorations dans le groupe commençant par les sous-programmes cognitifs (cf. Brenner, Hodel & Giebeler, sous presse).

(1) Les sous-programmes cognitifs de l'IPT peuvent corriger les troubles cognitifs qui ne sont pas en relation directe avec les troubles des fonctions sociales.

(2) Les sous-programmes sociaux de l'IPT semblent améliorer les fonctions des niveaux supérieurs qui intègrent et coordonnent les processus cognitifs élémentaires et les compétences sociales. Avec les sous-programmes cognitifs de l'IPT on ne peut ainsi observer des progrès que sur les fonctions élémentaires dont les composantes agissent faiblement ou temporairement sur les processus supérieurs ; c'est pourquoi leurs effets ne sont pas véritablement mesurés par les tests employés dans les études (*cf.* Mussgay & Olbrich, 1988).

(3) A l'opposé des sous-programmes cognitifs, qui améliorent vraisemblablement les fonctions élémentaires et par là des processus isolés, les sous-programmes sociaux paraissent stimuler des mécanismes supérieurs de compensation. De tels mécanismes ne se rapportent pas aux processus isolés d'une fonction spécifique, mais font le lien entre les fonctions de résolution de problèmes cognitifs et sociaux.

(4) Les sous-programmes sociaux de l'IPT introduits en premier pourraient abaisser, à travers leurs effets sur les fonctions supérieures, le niveau d'activation plus élevé des patients schizophrènes. Par contre, le degré d'activation pourrait demeurer au même niveau, voire augmenter par la mise en place des sous-programmes cognitifs ayant pour objectif une action sur les fonctions élémentaires.

(5) Les sous-programmes sociaux de l'IPT, qui sont en rapport direct avec la vie quotidienne des patients, pourraient au départ stimuler davantage leur participation à la thérapie. Les sous-programmes cognitifs de l'IPT semblent à cet égard moins rattachés à leur vie quotidienne, et donc moins motivants.

Ces conclusions provisoires, tirées de l'état actuel de la recherche sur les effets de l'IPT, garderont un caractère hypothétique tant qu'elles n'auront pas été vérifiées empiriquement. Elles sont néanmoins importantes, car elles offrent de nouvelles possibilités de mesures de réhabilitation pour les patients schizophrènes.

DEUXIÈME PARTIE

DESCRIPTION DU PROGRAMME

Généralités et conseils pratiques

1. VUE D'ENSEMBLE DU PROGRAMME

Les approches thérapeutiques de la schizophrénie et la prévention des rechutes nécessitent un concept de traitement multimodal (Ciompi, 1981; Fiedler & Buchkremer, 1982; Müller, 1984, octobre; Selzer, 1983; Stierlin, Wynne & Wirsching, 1985), où mesures thérapeutiques multidimensionnelles, sociothérapie, thérapie par le milieu (Stierlin *et al.*, 1985), travail avec les proches (Anderson, Hogarty & Reiss, 1980; Angermeyer & Finzen, 1984; Katschnig & Koniezcna, 1984) sont associés à un traitement psychopharmacologique approprié. Tous ces efforts thérapeutiques n'ont un impact optimal sur les patients que lorsqu'une équipe soignante formée et constante se charge de la planification de la thérapie à court, moyen ou long terme. A partir de là, les techniques thérapeutiques mentionnées doivent être spécialement ajustées au patient schizophrène, en intégrant les connaissances pratiques d'antan aux résultats de recherches accumulés au cours de ces dernières décennies (Zubin, Magaziner & Steinhauer, 1983). La conception de ce programme a ainsi tenu compte aussi bien des connaissances anciennes sur la schizophrénie (Berze & Gruhle, 1929; Bleuler, 1911; Kraepelin, 1913) que des apports récents, notamment ceux issus de la psychologie clinique expérimentale (Huber, Gross & Schüttler, 1979; Nuechterlein & Dawson, 1984a, 1984b; Ruckstuhl, 1981; Süllwold, 1977). Il en est résulté un programme divisé en six sous-programmes, qui vise d'un côté les troubles

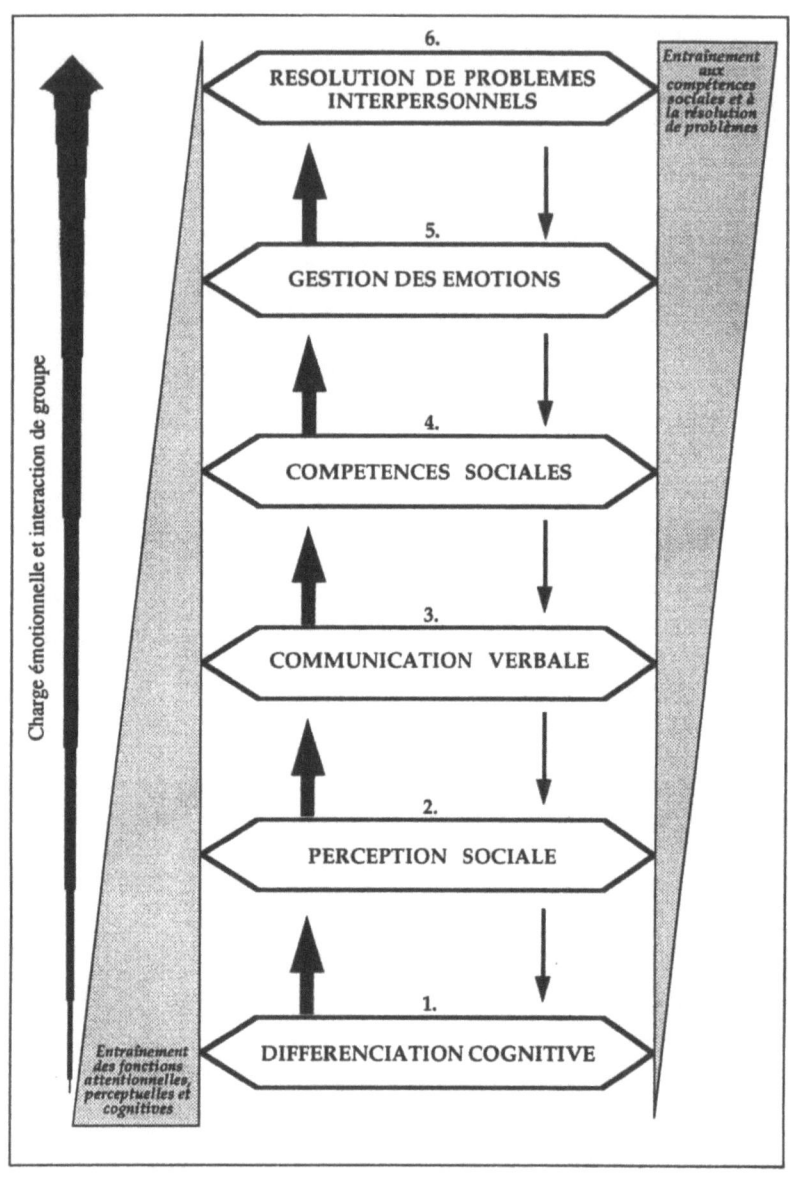

Figure 5 — Représentation schématique du programme IPT.

attentionnels/perceptuels et cognitifs typiques du patient schizophrène, et de l'autre les déficits spécifiques observables dans les conduites sociales (v. figure 5).

Sur le fondement théorique d'une organisation hiérarchique du comportement on admet qu'il faut exercer dans un premier temps les fonctions de base attentionnelles/perceptuelles et cognitives avant que les conduites sociales plus complexes ne puissent être réalisées (Brenner, 1986; George & Neufeld, 1985; Hemsley, 1977; Liberman, Nuechterlein & Wallace, 1982; Neale, Oltmanns & Harvey, 1985; Wallace, 1982).

C'est ainsi que dans les premiers sous-programmes les fonctions cognitives se situent au centre de l'activité thérapeutique. Quand la thérapie est plus avancée, on peut sur une telle base travailler avec le patient sur les habiletés sociales afin de combler d'éventuels déficits dans ce domaine.

Comme pour l'ensemble du programme, chaque sous-programme est construit de telle sorte que les difficultés augmentent progressivement aussi bien pour l'individu que pour le groupe : matériel, exercices et situations travaillés deviennent de plus en plus complexes. Le contexte thérapeutique global passe d'une forme hautement orientée vers la tâche à une forme où les interactions au sein du groupe sont davantage accentuées. L'attitude directive du thérapeute cède la place à un style plus en retrait et permissif. Il est particulièrement important de respecter des petites étapes graduelles d'apprentissage et de s'arrêter suffisamment sur une tâche afin de ne pas dépasser les possibilités et capacités du groupe.

La gestion adéquate des émotions joue un rôle particulier dans le cadre de chaque sous-programme. Il a été prouvé que les troubles du patient schizophrène s'intensifient dans la mesure où il est exposé à des situations affectivement chargées (Dawson & Nuechterlein, 1984a; Nuechterlein & Dawson, 1985; Olbrich, 1983, 1986, octobre; Vaughn & Leff, 1976b). Les exercices des sous-programmes suivent de ce fait une démarche progressive, débutant par un matériel thérapeutique neutre et objectif qui ne devrait pas présenter une charge affective pour le patient. Au cours de la thérapie, les contenus à connotation affective sont graduellement introduits, en particulier dans les sous-programmes plus avancés.

Le programme IPT est donc standardisé et hautement structuré. Ceci ne signifie pas pour autant qu'il soit rigide ou impersonnel. Au sens strict, le contenu d'un programme standardisé demeure identique pour tous à chaque application. Une telle définition ne saurait cependant convenir à l'IPT. En effet, au fur et à mesure que les patients progressent, acquérant et renforçant leurs habiletés, les thématiques abordées deviennent plus personnalisées : leur rapport avec la vie quotidienne des patients est plus étroit, les exercices se focalisent davantage sur les problèmes réels. Ainsi les contenus thérapeutiques travaillés changent en fonction des patients et de leurs évolutions. Ceci s'avère particulièrement vrai dans les derniers sous-programmes qui s'adressent aux compétences sociales, à la gestion des émotions et à la résolution de problèmes. Une telle progression, planifiée par les auteurs, est destinée à conduire le patient, étape par étape, dans des domaines de plus en plus complexes et à éviter une surstimulation initiale qui pourrait entraver les progrès thérapeutiques.

En fait, la standardisation apparaît plus évidente dans les premiers sous-programmes où exercices et contenus sont clairement définis. Toutefois une certaine liberté est laissée aux thérapeutes : le contenu peut être complété si un entraînement supplémentaire s'avère nécessaire ; l'articulation des sous-programmes peut suivre des arrangements différents (par exemple mise en œuvre en parallèle versus séquentielle de deux sous-programmes) ; tel exercice peut être répété fréquemment, alors que tel autre est abandonné plus rapidement en fonction des résultats du groupe.

Il est aussi possible de n'utiliser que certains modules particuliers de l'IPT. Quelques études ont procédé de cette façon (Hermanutz & Gestrich, 1987 ; Kraemer *et al.*, 1987 ; Theilemann, 1993), s'intéressant en particulier au premier sous-programme « Différenciation cognitive ». Néanmoins, de meilleurs résultats ont été obtenus par la réalisation du programme complet, comparée à l'utilisation de sous-programmes isolés, ceci même au niveau de variables cognitives spécifiques (Brenner *et al.*, 1987).

Le format de groupe prévu pour l'IPT favorise un certain nombre d'effets d'ordre social potentiellement positifs. La dynamique de groupe est essentiellement orientée vers la solidarité et l'entraide. Les patients sont insérés dans un contexte où leurs troubles sont formulés, reconnus et acceptés, souvent partagés ; les progrès enregistrés chez les uns peuvent servir de stimulant et d'espoir pour les autres ; les participants deviennent à tour de rôle élèves et modèles en fonction de leurs déficits d'une part et de leurs ressources et qualités d'autre part ; la mise en pratique des exercices et leur répétition favorisent un « sur-apprentissage » souvent nécessaire pour le renforcement et le maintien des habiletés ; la présence du groupe facilite une habituation aux contacts sociaux et peut permettre l'éclosion d'une plus grande variété de solutions aux problèmes. Enfin, le travail en groupe est plus économique en temps que le travail individuel. Il présuppose cependant une formation en dynamique de groupe ainsi qu'une certaine aisance, qui dépend des compétences sociales personnelles du thérapeute.

2. ÉLÉMENTS PRATIQUES D'ORGANISATION

Le programme est conçu pour des patients portant un diagnostic principal de schizophrénie. Le déroulement et le contenu des sous-programmes aussi bien que les directives pour les thérapeutes ont été développés sur la base de résultats de recherches empiriques consacrées à cette pathologie. Il s'adresse aussi bien à des patients chroniques qu'à des patients post-aigus en début de rémission ou à des patients en rémission instable.

La durée globale du programme, la fréquence et la durée des séances, la mise en place chronologique séquentielle ou parallèle de certains sous-programmes dépendent de la pathologie des participants. A cet égard, les auteurs séparent la chronicité grave (durée de la maladie supérieure à 7 ans) de la chronicité moyenne (durée de la maladie allant de 1 à 7 ans).

Pour les patients gravement chronifiés la fréquence des séances est limitée au début à deux séances de 30 minutes par semaine; on augmente ensuite progressivement la fréquence à 2-3 sessions par semaine et la durée à 60-90 minutes. Le thérapeute maintiendra une attitude bienveillante, patiente et persévérante pendant les exercices et cherchera à assurer un vécu de succès (rétroaction positive). Le déroulement d'un seul sous-programme peut ainsi prendre entre 3 et 5 mois. L'appréhension et l'incertitude face à de nouveaux exercices sont plus facilement maîtrisables par la répétition d'exercices connus. Il faut prévoir au moins un à trois ans pour parvenir peu à peu à une plus grande autonomie des patients.

Pour les patients à chronicité moyenne, la durée globale de la thérapie s'étend sur 8 mois à 2 ans. En règle générale, on pratique 2 à 3 séances d'une durée de 60 à 90 minutes par semaine. La répétition fréquente des exercices n'est plus nécessaire, aussi le rythme s'accélère. La durée totale du programme thérapeutique est nettement plus brève pour les patients post-aigus en rémission ou pour les patients en rémission instable pratiquant le programme dans un but préventif de rechute; on peut adopter une fréquence de 2-4 sessions hebdomadaires d'une durée de 60 à 90 minutes. L'association d'exercices perceptuels/cognitifs à des exercices de résolution de problèmes peut être indiquée pour ce groupe de patients. L'attention portera avant tout sur une stimulation optimale, car une sur-stimulation émotionnelle peut amorcer chez de tels patients une exacerbation psychotique, notamment après un épisode aigu.

De la sorte, la construction sous forme de modules ou sous-programmes assure une souplesse suffisante à l'IPT pour permettre à la plupart des patients d'y participer et d'y trouver leur compte. Les patients qui présentent moins de troubles cognitifs accéderont rapidement aux sous-programmes terminaux, alors que ceux plus gravement perturbés dans ce domaine travailleront de manière plus intensive sur les sous-programmes cognitifs initiaux. Les patients peuvent donc bénéficier de l'IPT en fonction de leurs besoins spécifiques, et il appartient aux thérapeutes de coordonner les sous-programmes afin de garantir une pertinence et une cohérence optimales pour chacun.

Le programme est réalisé sous forme de groupes, composés de quatre à huit patients environ, et animés par un ou de préférence deux thérapeutes (médecins, psychologues, infirmiers, assistants sociaux, ergothérapeutes).

On respectera dans la mesure du possible une certaine homogénéité dans la composition des groupes par rapport aux possibilités intellectuelles et aux déficits dans le traitement de l'information. Il est conseillé de limiter le nombre de participants lorsque les patients sont gravement perturbés. Une certaine hétérogénéité des participants par rapport à l'âge et au sexe peut présenter des avantages.

On pourrait envisager que la première partie du programme (Différenciation cognitive, Perception sociale, Communication verbale degrés 1 et 2) se pratique en séances individuelles si les circonstances l'exigent. Dans ce cas, il n'y a plus d'effet de groupe et l'investissement en temps et en thérapeutes sera plus important, trop important peut-être pour pouvoir être assumé par une équipe soignante donnée.

Voilà pourquoi la question d'une prise en charge individuelle ne se pose généralement que dans les cas suivants :
– le patient refuse ou n'est pas prêt à participer à un groupe;
– une homogénéité minimale du groupe ne peut être obtenue;

– la motivation des collaborateurs pour un travail en équipe de longue haleine reste insuffisante.

Le matériel nécessaire au travail thérapeutique est relativement simple. Il est décrit en détail dans le manuel pour chacun des sous-programmes. Mise à part la série de diapositives[1], le matériel peut être fabriqué par les participants eux-mêmes avec l'aide des thérapeutes. Une salle de thérapie avec table, chaises et tableau noir est suffisante. Pour les sous-programmes 2 et 5 (Perception sociale et Gestion des émotions), un projecteur de diapositives doit être à disposition.

La mise en pratique peut se faire à l'hôpital psychiatrique, dans des unités de réhabilitation avec hôpitaux de jour ou de nuit, des policliniques psychiatriques, des structures intermédiaires comme les foyers protégés, et au sein de groupes d'entraide de patients schizophrènes. Le programme IPT s'insère de façon optimale dans une unité comprenant peu de patients (10 à 15) et travaillant dans une optique comportementale et cognitive, avec un concept de traitement multimodal basé sur l'état actuel des connaissances de la schizophrénie. D'autres modalités d'application demeurent possibles tant pour des patients hospitalisés que des patients ambulatoires. En cas d'introduction de l'IPT au sein d'un programme de soins existant, il convient de respecter un certain nombre de règles minimales pour assurer le bon déroulement et favoriser l'efficacité du travail thérapeutique. Certains facteurs d'ordre institutionnel doivent être pris en considération, entre autres, le fait que chaque changement rencontre au départ des résistances parce qu'il augmente la charge de travail.

L'acceptation du programme par les directions clinique et administrative est primordiale. Ensuite, il s'agit de préparer l'information et la motivation des soignants afin de pouvoir recruter une équipe de volontaires prêts à suivre la formation qu'exige l'IPT. Cette formation des volontaires constitue la troisième étape ; elle permet à chacun d'interroger sa propre motivation avant de s'engager pleinement dans le projet.

Une fois l'équipe formée, une information globale sur le programme pourra être diffusée dans l'ensemble de l'institution. Les questions de l'indication pour tel ou tel patient, les objectifs visés, ainsi que les méthodes thérapeutiques utilisées y sont explicités en détail. C'est sur cette base qu'une coordination des intervenants pourra se faire : pour les personnes impliquées dans le programme, un accord sur les buts à court, moyen et long termes doit être obtenu, afin de maintenir un fil rouge qui guide l'ensemble des efforts réhabilitatifs. Une évaluation initiale approfondie permet, dans le cadre d'un projet réhabilitatif global, l'introduction de l'IPT ou de quelques-uns de ses sous-programmes. A ce point, il est important que le mise en route du programme IPT se fasse sans tarder pour que l'élan de l'équipe ne baisse pas.

L'entente sur le plan administratif peut faciliter l'organisation des horaires de travail; une certaine autonomie d'action renforce l'enthousiasme et l'engagement des participants. La coordination de l'IPT avec l'ensemble des activités cliniques apparaît essentielle pour éviter toute sur-stimulation des patients; des colloques hebdomadaires peuvent remplir cette fonction. Au cas où le contact avec les équipes soignantes s'avère difficile, on pourra envisager d'y remédier par la préparation d'une fiche d'information simple précisant l'indication, l'objectif poursuivi et les renseignements concernant la fréquence, les dates et les lieux des séances.

Si les étapes sus-mentionnées sont respectées, les chances d'aboutir à une implantation solide et durable d'un programme d'apprentissage s'améliorent. Cependant un effort constant s'impose car tout rejet, même latent, et toute expectative d'échec peuvent se solder par des conséquences destructrices, tant pour le maintien du programme que pour son acceptation par les patients. Il est donc indispensable que toutes les personnes intéressées parviennent à adopter un point de vue «rationnel et éclairé» (Weig, 1990), et qu'elles puissent soumettre leurs doutes ou résistances à des discussions appuyées par les données scientifiques de la recherche (Liberman & Eckman, 1989).

Il peut s'avérer utile d'informer l'entourage du patient (parents, proches) sur le programme dans un but de collaboration, en offrant par exemple des séances d'information en groupe. D'emblée, on y abordera, voire planifiera, les possibilités réalistes de réhabilitation.

De ce fait, le programme contribuera dans un sens élargi à améliorer la maîtrise des situations stressantes du vécu quotidien, la qualité de vie des patients et les perspectives d'un retour à la vie courante.

3. INFORMATION AUX PATIENTS ET POSSIBILITÉS DE MOTIVATION

Il est indispensable de fournir aux patients une information préalable sur le programme, avant d'envisager leur incorporation dans le groupe. Cette information permet au patient de prendre connaissance du programme, et elle permet aux thérapeutes de se faire une première idée concernant une éventuelle indication. Bien entendu, cette information ne peut à elle seule déterminer l'indication; la décision d'inclure un patient revient aux responsables du programme, qui, après un examen approfondi du cas, la prennent en accord avec le médecin traitant. L'information ne saurait jouer un rôle motivationnel que si elle parvient à établir un lien entre les troubles vécus et la teneur du programme.

Dans ce but, nous essayons d'abord de circonscrire les troubles cognitifs et moteurs, phénomènes pouvant être discrets et échappant souvent aux capacités de verbalisation du patient, qui les vit comme étranges et inquiétants. Cette identification des troubles, qui permet de montrer au patient notre compréhension, peut s'effectuer au moyen du Questionnaire de Francfort concernant les difficultés psychologiques (FBF) de Süllwold (1991). Ce questionnaire résume la perception subjective de phénomènes troublants aux niveaux de l'affect, de la perception, du langage, de la pensée et de la motricité (Neis & Jurth, 1983 ; Neis & Süllwold, 1983). Ces phénomènes seraient les indicateurs des troubles de base (Süllwold & Herrlich, 1990), lesquels résulteraient de dysfonctionnements du système de traitement de l'information, et représenteraient le substrat psychobiologique de la « vulnérabilité » particulière du patient schizophrène. L'analyse statistique des données obtenues avec le FBF concorde avec les résultats expérimentaux ; ceci suggère que les patients ont une bonne perception de leurs troubles. Le handicap provoqué par leur présence se manifeste en fonction des demandes et exigences de la situation : des fluctuations sont donc la règle, mais une augmentation de leur présence peut annoncer la survenue prochaine d'une décompensation psychotique.

L'évaluation par le FBF permet le regroupement des items selon des phénomènes communs, et donne ainsi une vue d'ensemble quantifiée des troubles. Elle met en évidence les plaintes centrales et favorise leur description, tout en saisissant quantitativement leur poids subjectif. Ce questionnaire offre, de par la formulation de phénomènes incompréhensibles et inquiétants, voire menaçants, une possibilité d'expression et de communication, qui autrement n'est pas toujours disponible au patient, et qui peut donc avoir un effet anxiolytique. Le FBF n'est ni un instrument diagnostic différentiel, ni un instrument d'auto-évaluation classique, car le patient ne s'évalue pas par rapport au degré de sévérité de la symptomatologie, ni au niveau de sa performance.

Quand le patient sait que ses réponses servent à améliorer la compréhension de ses difficultés concrètes, et à trouver les moyens thérapeutiques auxiliaires pouvant l'aider à surmonter ses problèmes, la probabilité qu'il adhère au traitement s'accroît. Au cas où il craint des inconvénients tels l'augmentation de sa médication ou le délai de sa sortie d'hôpital, il faut s'attendre à une dissimulation des troubles vécus. Il s'avère donc essentiel de bien l'informer quant à l'utilisation des résultats du questionnaire dont il sera tenu au courant. Par ailleurs, le thérapeute a intérêt à établir rapidement le lien entre les déficits révélés par le FBF d'un côté et des possibilités d'intervention par le programme IPT de l'autre. Une rubrique supplémentaire en fin de questionnaire investigue l'avis du patient sur les moyens qui peuvent l'aider et améliorer son état; elle peut appuyer sa conviction qu'il n'est pas considéré comme un membre passif du processus thérapeutique, mais au contraire comme un partenaire actif : ses opinions comptent et lui-même peut contribuer à une meilleure gestion de sa maladie.

Ceci nous amène à élaborer avec le patient une conceptualisation différente de sa maladie (Süllwold & Herrlich, 1992). Le terme de schizophrénie demeure souvent un non-dit dans la relation patient-thérapeute, et devient source d'inquiétudes et de méfiance. Des connaissances lacunaires, incorrectes ou déformées de la maladie et des effets des médicaments, entraînent une multitude d'interprétations et d'explications irrationnelles, lesquelles engendrent des craintes irréalistes pouvant prendre éventuellement un caractère pathologique. Si l'on renonce à fournir aux patients une information sur leur maladie, fondée sur une base conceptuelle précise, on prend le risque que les interventions thérapeutiques soient mal comprises et ne correspondent pas aux phénomènes subjectifs perçus. Négliger l'information peut ainsi s'avérer responsable de cette absence de concordance, et aboutir à un manque de compliance face au traitement.

Une information scientifique bien documentée sur la schizophrénie pourra prévenir, aussi bien chez le patient que chez ses proches, les sentiments d'impuissance et de désespoir souvent rencontrés. Cette information devrait en outre donner au patient une définition fonctionnelle de la schizophrénie, lui permettant d'établir et de reconnaître les liens entre la symptomatologie et les diverses approches thérapeutiques. Le patient pourra alors apprendre à utiliser des techniques appropriées pour gérer seul les situations difficiles de sa vie quotidienne, ainsi qu'à mieux comprendre et intégrer ses propres tentatives d'auto-gestion et d'auto-protection. Cette perspective permet d'élaborer avec le patient la notion de vulnérabilité particulière, souvent difficile à admettre, mais étayable par l'auto-perception des troubles de base.

La prémisse principale du concept de schizophrénie ainsi proposé, se réfère à une dysrégulation de l'équilibre de l'activation physiologique (arousal) du système nerveux central en tant que condition de base de la vulnérabilité particulière (*cf.* Zubin & Spring, 1977 : « diathesis-stress-coping model »). Les expériences personnelles (p. ex. l'apparition de réactions chaotiques, de blocages, etc.) sont discutées et interprétées comme étant des manifestations d'une dysrégulation transitoire. Les théories sur les symptômes psychotiques peuvent être incorporées (par exemple l'apparition d'hallucinations auditives, résultant d'une distinction non réussie entre expériences intérieures et stimuli extérieurs, menant à des interprétations erronées ainsi que des perceptions déformées de la réalité : d'après certaines données de la recherche expérimentale, le système nerveux autonome est capable de reproduire des stimuli internes intenses sans aucun rapport avec une source extérieure). Afin qu'il puisse prendre des mesures autoprotectrices utiles, le patient devrait apprendre aussi à reconnaître l'impact des situations sur l'accentuation ou la diminution de ses troubles, à identifier les facteurs de stress et à les différencier des changements de symptômes non liés à une situation spécifique. Une information pragmatique sur les effets du traitement médicamenteux et ses effets secondaires s'avère également importante.

Une telle approche aide le patient à se forger une meilleure compréhension de lui-même, qui le prépare et le motive à collaborer dans la thérapie ; elle devrait renforcer sa perception de contrôle et élargir ses moyens de composer avec sa vulnérabilité d'un côté et les situations stressantes de l'autre ; elle peut stimuler aussi son potentiel créatif d'autoprotection. C'est dans cette optique que le patient pourra bénéficier au mieux du programme IPT.

Une information sur le programme peut être transmise lors de séances individuelles, par exemple à la suite d'une évaluation, ou dans des séances de groupe spécialement prévues à ce sujet. Qu'elle soit donnée dans le cadre de rencontres individuelles ou de séances de groupe, l'information communiquée sera claire et simple, elle mettra en rapport les éventuels troubles des patients concernés avec les exercices proposés dans l'IPT. Elle précisera les éléments principaux suivants : (1) à qui s'adresse le programme IPT; (2) quel est son but; (3) quelles sont les exigences minimales pour que la participation puisse être bénéfique; (4) quelles sont les démarches à accomplir avant de commencer le programme (entretiens initiaux d'évaluation, signature d'un formulaire d'inscription; accord du médecin traitant); (5) renseignements logistiques (fréquence des séances, lieu, nombre maximum et minimum de participants, etc.); (6) utilité démontrée du programme.

En tous les cas, il s'agira de respecter les capacités fluctuantes de traitement des informations des patients schizophrènes et d'éviter par là une surcharge qui créerait de la confusion. On cherchera surtout à susciter l'intérêt et l'envie des participants d'aboutir, par leurs propres efforts, à une meilleure gestion de leur maladie, et par là, à une amélioration de leur qualité de vie.

4. ATTITUDES ET COMPORTEMENTS THÉRAPEUTIQUES CONSEILLÉS

Les thérapeutes doivent posséder de bonnes connaissances cliniques de la schizophrénie, de la méthode structurée qui sous-tend l'animation de ce programme, ainsi que de la dynamique de groupe. Le maniement de ce programme sans une formation pratique complémentaire n'est pas recommandée. Des séminaires de formation peuvent être organisés pour suppléer à ce manque.

D'une manière générale, les procédés thérapeutiques utilisés ont été établis selon les principes de l'apprentissage et se retrouvent dans une large mesure au sein des thérapies cognitivo-comportementales. Les déficits spécifiques du patient schizophrène dans le système du traitement de l'information, sa motivation peu soutenue et son équilibre psychique précaire exigent l'utilisation de techniques directives, structurées et adaptées au cas individuel : formulation de buts spécifiques, précision et clarté des consignes, répétitions fréquentes (over-learning), quittance informative immédiate, renforcement positif, réexamen de l'assimilation du matériel présenté, apprentissage social par imitation de modèles (modeling), technique du façonnement progressif (shaping), apprentissage par accompagnement (coaching) et par guidage (prompting), jeux de rôle et exercices. Les thérapeutes devront se montrer particulièrement patients, persévérants et calmes, renforçant tout progrès observé, si minime soit-il, et cherchant à promulguer un vécu de succès au cours des différentes étapes. L'attitude directive initiale cédera peu à peu la place à une position plus en retrait au fur et à mesure que le groupe progresse dans les sous-programmes. La tâche des thérapeutes sera alors d'assurer le passage cohérent et balancé de la parole entre les participants, d'intervenir au moment de « dérapages » ou de communication inadéquate, de faire respecter la continuité et les objectifs du travail thérapeutique. Il ne s'agit en aucun cas d'adopter une attitude passive et de laisser le groupe livré à lui-même alors qu'il aborde la discussion des problèmes présentés.

Les thérapeutes veilleront à rester le plus concret possible dans leurs explications et consignes. Ils ne monopoliseront pas la parole, mais ils chercheront plutôt à la faire circuler dans le groupe, par exemple en vérifiant la compréhension des patients ou en demandant leurs quittances et, le cas échéant, leurs corrections. Ils stimuleront l'entraide à l'intérieur du groupe et préviendront le plus possible la survenue de disputes, de remarques dépréciatives ou désobligeantes. De manière générale, ils chercheront à maintenir une charge émotionnelle minimale au sein du groupe.

NOTE

[1] Il est possible d'acquérir les diapositives auprès de : Valentino Pomini, Unité de réhabilitation, Site de Cery, CH-1008 Prilly, Suisse.

Sous-programme 1
Différenciation cognitive

1. INTÉRET THÉORIQUE ET JUSTIFICATION DU SOUS-PROGRAMME

Les troubles cognitifs représentent une composante très importante du tableau de la schizophrénie (Brenner, 1983; Falloon, 1986; George & Neufeld, 1985). De nombreuses études comparatives ont identifié chez les sujets schizophrènes des troubles de l'attention, de la mémoire, de la concentration, de l'inférence logique ou de l'anticipation (Burrows, Norman & Rubinstein, 1986; Süllwold & Huber, 1986). Leur impact sur le comportement, et plus généralement sur le fonctionnement psychosocial, est évident. Par les déficits de compréhension qu'elles entraînent, les difficultés d'analyse cognitive non seulement entravent la réalisation de comportements adéquats dans des situations stressantes, mais peuvent générer chez le patient des stress supplémentaires, même dans des circonstances relativement peu exigeantes. Ce double impact entretient un cercle vicieux de stimulations, qui peut conduire à une sur-stimulation ingérable.

Il n'est pas facile pour le clinicien de préciser le niveau de stimulation atteint par tel patient dans les diverses situations de sa vie quotidienne. Et pourtant, cette évaluation de la vulnérabilité/fragilité cognitive représente un élément important dans la prise en charge.

Le modèle général des théories du traitement de l'information offre un cadre utile pour la compréhension des troubles cognitifs chez les patients schizophrènes (Brenner, 1986). Selon ce modèle le traitement de l'information s'effectue en trois étapes : 1) saisie de l'information par l'organisme, 2) traitement de l'information, 3) réponse. La première étape concerne essentiellement les processus de perception et de sélection des stimuli qui seront retenus pour les étapes suivantes. Dans la deuxième étape, le cerveau traite à proprement parler l'information retenue. Interviennent ici tous les processus d'encodage, de mise en mémoire (stockage), de stratégies cognitives de résolution de problèmes, d'interprétation; il s'agit en somme, au sens large du terme, d'une analyse de l'information. Enfin, l'organisme émet une réponse. Celle-ci englobe des aspects moteurs, mais aussi cognitifs (planification d'une activité par exemple) et affectifs (selon l'évaluation de la situation et de ses propres ressources).

Différentes études montrent que des dysfonctions peuvent se produire aux trois étapes du processus. Les déficits de l'attention sélective et soutenue ont été largement documentés dans la littérature; ils constituent des obstacles au bon déroulement de la première étape du traitement de l'information (Hartwich, 1983; Kukla, 1980). La pensée surinclusive, les tendances interprétatives, les problèmes qu'ont les personnes souffrant de schizophrénie à manier les concepts, conduisent à des dysfonctionnements au niveau de l'analyse de l'information. Enfin, les déficits en compétences sociales se traduisent par des problèmes lors de l'émission de la réponse. Les configurations dysfonctionnelles peuvent donc être multiples et variées.

Si l'on considère à présent les deux premières étapes du traitement de l'information, à savoir l'enregistrement et l'analyse, d'importants efforts ont été réalisés ces dernières années en vue de parvenir à une réhabilitation cognitive des patients schizophrènes (Green, 1993). Le but d'une telle tâche consiste à remédier aux déficits dans le processus de traitement de l'information et à compenser ainsi la vulnérabilité cognitive. La pratique de la réhabilitation cognitive devient de plus en plus un élément à part entière d'un programme complet de réhabilitation psychosociale des patients schizophrènes. Ce sous-programme, ainsi que le suivant, constituent deux exemples possibles d'une telle pratique.

Deux éléments au moins sont à prendre en considération dans le cadre d'une réhabilitation cognitive. Le premier concerne l'identification des troubles cognitifs. Une évaluation précise s'avère nécessaire, elle investigue non seulement les performances objectives du patient, mesurables par des tests psychométriques, mais aussi le vécu subjectif des troubles. A ce niveau, le Questionnaire de Francfort concernant les difficultés psychologiques (FBF) de Süllwold (1991) se révèle être un outil des plus utiles. Il exprime en termes simples un certain nombre de troubles que le patient peut reconnaître comme étant les siens. Ceci favorise non seulement la compréhension de certains comportements et difficultés du patient, mais aussi sa motivation à y remédier de la manière la plus optimale possible. La participation aux sous-programmes d'IPT peut favoriser la compensation de ces troubles et doit être proposée dans ce sens au patient.

Le second élément découle directement du modèle diathèse-stress. Nuechterlein & Dawson (1984a) supposent que les déficits de l'attention proviennent d'une capacité réduite à enregistrer et à traiter l'information. Cette réduction quantitative se manifeste surtout dans les situations de stress, lesquelles ne peuvent plus être gérées par les stratégies à disposition. Une telle capacité réduite signe la fragilité (vulnérabilité) du patient schizophrène face aux situations stressantes. Les troubles de l'attention représentent ainsi des marqueurs de vulnérabilité sous-jacente. Il faut donc s'attendre à des capacités réduites en cas de stress, et prendre en compte le fait que les troubles cognitifs peuvent en soi créer du stress. Ces effets en retour doivent si possible être enrayés pour éviter la formation d'un cercle vicieux menant à une sur-stimulation ingérable. Des stratégies de compensations comportementales et environnementales doivent souvent être envisagées en sus d'une réhabilitation neuro-cognitive. Mais cette dernière constitue indéniablement un moyen de prévention à travers l'entraînement qu'elle implique : le patient apprend petit à petit à gérer des stimuli plus complexes, à appliquer des stratégies logiques de réflexion. Certes, il n'a pas été démontré que l'apprentissage de stratégies de traitement de l'information dans certains exercices permet l'amélioration des performances dans d'autres exercices ou à d'autres niveaux de fonctionnement psychique; l'entraînement régulier des fonctions cognitives de base permet néanmoins d'éviter une dégénérescence de ces fonctions.

En conclusion, quoique la réhabilitation neuro-cognitive ne peut encore se targuer de restituer aux fonctions cognitives déficientes un fonctionnement normal, elle apparaît nécessaire dans le maintien des ressources cognitives disponibles, dans l'apprentissage de stratégies pour compenser certains déficits, et donc dans la prévention d'éventuelles sur-stimulations pouvant aboutir à des rechutes.

2. APERÇU GLOBAL DU SOUS-PROGRAMME

Le sous-programme comprend huit exercices plutôt abstraits qui prennent la forme de jeux pédagogiques. Ils sont destinés à exercer les fonctions cognitives de base, à savoir l'attention, la concentration, la perception, la mémoire ainsi que la formation et le maniement de concepts. Ces exercices sont regroupés en trois catégories (v. tableau 6) : (1) les exercices avec cartes où les patients trient des cartes figuratives selon des critères donnés ; (2) les systèmes de concepts verbaux composés d'exercices verbaux avec un degré d'abstraction variable ; (3) les stratégies de recherche pour entraîner la pensée logique. Les catégories sont ordonnées en fonction du type de travail cognitif demandé, mais aussi de l'interaction sociale et verbale entre les participants. Il est préférable au début du programme — et pour familiariser les patients avec celui-ci — de pratiquer les exercices dans l'ordre indiqué. Mais il appartient au thérapeute de choisir la formule la plus adaptée aux besoins de ses patients.

Degré 1 : Exercice avec cartes

Degré 2 : Systèmes de concepts verbaux
    1. Définition de mots
    2. Synonymes
    3. Antonymes
    4. Hiérarchie de concepts
    5. Cartes à mots
    6. Concepts à significations différentes selon le contexte

Degré 3 : Stratégies de recherche
    Jeu des 30 questions

Tableau 6 — Les 3 catégories d'exercices de différenciation cognitive.

3. INTRODUCTION AU SOUS-PROGRAMME

L'introduction à ce sous-programme correspond au début du programme. Elle comprend 3 volets :

1. Préambule :
   - Faire connaissance entre participants (p. ex. exercer la mémorisation des noms des participants).
   - Construire éventuellement le matériel avec les patients.
2. Explications concernant le programme et sa durée envisageable

3. Règles de fonctionnement :
   - horaires + fréquence
   - ponctualité
   - régularité (s'excuser et prévenir pour les absences)

✳ *Proposition de consigne*

> Je vous souhaite à tous la bienvenue. Avant de commencer les premiers exercices, je pense qu'il est bon que nous fassions connaissance entre nous. J'aimerais également vous donner quelques explications sur ce programme. Je vous propose donc à présent la chose suivante : nous allons d'abord nous présenter les uns les autres, puis je vais vous donner quelques explications sur le programme et ce que nous allons faire dans ce groupe ces prochains temps ; enfin je vais clarifier certaines règles de fonctionnement du groupe pour que tout se déroule dans les meilleures conditions possibles.

> Les difficultés de concentration ou de mémoire peuvent être très dérangeantes. En effet si on ne se souvient plus de rien, ou si on est vite distrait, on peut avoir beaucoup de peine à suivre une conversation, regarder la télé ou faire un travail quelconque.
> Les médicaments vous ont peut-être aidé, mais des exercices supplémentaires peuvent faire plus encore. Le programme IPT que vous allez suivre a justement pour but de vous aider à ce niveau : arriver à mieux vous concentrer, améliorer votre mémoire. Mais pour profiter totalement du programme il convient d'y venir régulièrement. Il s'agit d'un entraînement et, comme dans tout entraînement, plus on le suit régulièrement plus on progresse.

☞ *Indications au thérapeute*

- Ne pas trop insister sur les explications initiales ; elles doivent seulement rappeler le but du programme et les conditions d'une participation efficace. Trop en dire pourrait entraîner de la confusion.
- Parler brièvement de la provenance du programme et du sens des abréviations utilisées.
- Proposer les règles de fonctionnement du groupe, qui doivent être admises à l'unanimité pour être valides.

> Le programme IPT sert à améliorer votre concentration et votre mémoire
>
> **Venez-y régulièrement**

4. DÉROULEMENT DU SOUS-PROGRAMME

Degré 1 : Exercices avec cartes

A. *Matériel*

Le matériel se compose de petites cartes en carton qui peuvent être plastifiées. Il faut en prévoir entre 15 et 30 par participant selon les niveaux de difficulté. De manière générale, un lot de 160 cartes suffit. Elles sont toutes de même forme (carrée ou rectangulaire) et coupées dans la même matière. On les préférera de dimensions moyennes (env. 7 x 7 cm) et faciles à manipuler. Elles présentent un agencement de stimuli différents, choisis à partir des critères suivants :

– Une *forme* (carré, triangle, rond) est collée au centre de la carte.
– La *couleur* de la forme centrale peut varier (vert, rouge, bleu, jaune).
– Un des sept *jours de la semaine* peut être écrit ou non sous la forme.
– Un *nombre* est inscrit dans la forme : il peut être *rouge ou noir* et comprendre *1 ou 2 chiffres*.

Il convient de préparer des cartes variées avec une répartition assez équitable de chacun des critères.

☞ *Indications au thérapeute*

– Prévoir une surface suffisante devant chacun pour qu'il puisse étaler toutes ses cartes (par ex. une grande table).
– Préparer à l'avance une liste avec les exercices hiérarchisés selon les degrés de difficulté.
– Prévoir en outre un tableau noir où inscrire le rappel des consignes pour les différents exercices.

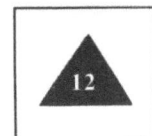

Figure 6 — 4 exemples de cartes à critères.

Comment préparer 160 cartes avec une répartition assez équitable des critères ? Un exemple.

1. Agencer les formes de couleurs différentes selon le tableau 7.
2. Préparer 80 étiquettes sur lesquelles est inscrit un jour de la semaine (on peut utiliser un calendrier). Diviser en deux parties égales chacun des 12 tas issus du tableau 7. Coller sur chaque moitié des tas les jours de la semaine.
3. Préparer 40 étiquettes avec un nombre à 1 chiffre rouge, 40 avec un nombre à 2 chiffres rouges, 40 avec un nombre à 1 chiffre noir et 40

avec un nombre à 2 chiffres noirs. Limiter les chiffres de 1 à 31 (calendrier).
Prendre chacun des 24 tas issus de l'opération 2 et répartir le plus équitablement possible les 4 types de nombres.

	Carré	Triangle	Rond
Bleu	14	12	14
Vert	14	14	12
Jaune	14	14	12
Rouge	12	14	14

Tableau 7 — Possibilité de répartition des cartes selon 2 critères (forme et couleur).

B. Introduction à l'exercice

L'introduction à l'exercice se réalise en deux temps :

1) Familiarisation avec le matériel
2) Explication de l'exercice

1. Familiarisation avec le matériel

✽ *Proposition de consigne*

> Voici différentes cartes. Pouvez-vous les décrire ?
> Prenons par exemple une carte, que voyez-vous sur celle-ci ?
> Vous avez vu qu'il y a différentes cartes. En quoi sont-elles semblables ? En quoi sont-elles différentes les unes des autres ? Essayez de dégager les critères par lesquels on peut comparer les cartes.

☞ *Indications au thérapeute*

- Etaler sur la table au maximum une dizaine de cartes différentes. On peut donner aussi une carte à chacun.
- Demander aux participants de décrire chaque détail d'une carte en particulier.
- Focaliser l'attention sur deux cartes qui diffèrent sur un seul critère pour amener la découverte de ce critère.
- Inscrire aux tableau les critères énoncés par les participants.

2. Explication de l'exercice

* *Proposition de consigne*

> Avec ces cartes nous allons faire un exercice qui vous aidera à entraîner votre concentration et votre mémoire.
> 1) Chacun de vous va recevoir des cartes.
> 2) Vous étalerez ces cartes devant vous de façon que vous puissiez voir toutes vos cartes.
> 3) Je vais vous demander de repérer parmi vos cartes toutes celles qui correspondent aux critères que je vais énoncer. Vous les mettrez à part. Par exemple je vais vous demander de trouver toutes les cartes avec un rond et un nombre à 2 chiffres.
> 4) Après cela, nous allons ensemble vérifier si les cartes sorties sont correctes et si aucune n'a été oubliée.
> Nous commencerons avec deux critères, pour voir comment cela se passe ; par la suite on ajoutera plus de critères.

C. Déroulement de l'exercice

L'exercice se déroule selon le schéma suivant :

1) Enonciation des critères de tri
2) Répétition des critères par un ou plusieurs participants
3) Tri par les participants
4) Correction :
   - vérification des cartes sorties
   - recherche d'éventuelles cartes oubliées

✴ *Proposition de consigne*

> (Au début de l'exercice)
> Regardez bien vos cartes. Trouvez toutes les cartes avec un rond et un jour de la semaine.
> Avez-vous bien compris?
> (en s'adressant à un participant puis éventuellement à un autre) : Voulez-vous s'il vous plaît répéter la consigne.
> (A la fin de l'exercice)
> Avez-vous terminé? Bien, vérifions.
> Est-ce que toutes les cartes sorties correspondent aux critères? Y en a-t-il qui ont été oubliées?

☞ *Indications au thérapeute*

– Commencer, en fonction du groupe, avec 1, 2 ou 3 critères.
– Augmenter la difficulté lorsque tous les participants réussissent l'exercice avec aisance au moins 3 fois.
– Faire pratiquer des corrections mutuelles entre participants.
– Des variantes sont bien sûr possibles : p. ex. demander aux participants d'énoncer d'autres critères qui groupent ou distinguent les cartes sorties (nombres pairs, impairs, divisibles par 2, 3, etc.)

Degré 2 : Systèmes de concepts verbaux

Exercice 1 : Définitions de mots

A. Matériel

Cet exercice nécessite comme matériel la liste de mots figurant au tableau 8. Un espace pour un jeu de rôle sera prévu ainsi qu'un tableau sur lequel on inscrira les éléments définitionnels.

I. Objets concrets :	- Porte - Lavabo - Fenêtre - Lit	- Livre - Miroir - Téléphone - Automobile	- Radiateur - Rideau - Etagère
II. Concepts abstraits :	- Eté - Groupe - Durée - Temps	- Faim - Air - Loisir	- Soif - Vent - Lumière
III. Termes chargés affectivement :	- Travail - Maladie	- Vacances	- Formation

Tableau 8 — Liste des mots pour l'exercice de définitions.

B. *Introduction à l'exercice*

✴ *Proposition de consigne*

> L'exercice suivant est un exercice verbal. Imaginez qu'une personne d'une autre civilisation veut communiquer avec nous. Elle ne connaît pas bien notre langue. Pour pouvoir communiquer il faudra qu'on se mette d'accord sur les mots qu'on emploie. Une définition, c'est ce qui détermine justement le sens des mots. Il est important dans notre vie quotidienne qu'on puisse définir correctement ce que l'on pense : c'est une des bonnes manières d'éviter des malentendus. Cet exercice va servir à cela : arriver à formuler des définitions claires qui mettent en évidence ce qui est essentiel dans un objet ou un mot.

☞ *Indications au thérapeute*

– Déterminer au préalable avec les participants les éléments de base d'une définition (matériel, grandeur, fonction, forme, lieu, durée...), qui guideront les participants à formuler leurs définitions. Inscrire ces éléments au tableau.

C. *Déroulement de l'exercice*

L'exercice se déroule selon le schéma suivant :

1) Inviter le cothérapeute à jouer le rôle de l'étranger.
2) Fournir aux participants le mot à définir.
3) Les participants définissent en commun le mot en s'adressant au cothérapeute.
4) Discussion autour de la définition donnée.

✴ *Proposition de consigne*

> Notre co-thérapeute va être l'étranger. Imaginez que vous discutez avec lui et que vous êtes en train de lui parler des portes automatiques dans les grands magasins. Mais il ne sait pas ce que le mot «porte» veut dire. Votre tâche est de définir le mot «porte», de lui dire ce qu'est une porte. Vous allez donc tour à tour essayer de lui expliquer ce que signifie le mot «porte». Aidez-vous des indications inscrites au tableau pour essayer de bien définir ce mot. S'il ne comprend pas quelque chose, il va vous poser des questions. Essayez donc d'être le plus simple et le plus clair possible.

☞ *Indications au thérapeute*

- Donner tour à tour la parole à chaque participant pour qu'il ajoute un élément à la définition, ou désigner un participant qui définira seul le mot, avec l'aide du groupe en cas de besoin.
- Asseoir le co-thérapeute en position centrale bien en vue et en contact avec le reste du groupe.
- Synthèses partielles par le co-thérapeute de ce qu'il a compris du mot à définir.
- Inscrire les éléments de la définition au tableau.
- On peut user de variantes à son gré : p. ex. faire jouer le rôle de l'étranger à un participant, remplacer le mot à deviner par un mot inventé, etc.

Exercices 2 et 3 : Synonymes et Antonymes

A. *Matériel*

Ces exercices nécessitent deux listes de mots inducteurs : une pour les synonymes et une pour les antonymes. Les mots peuvent aussi être inscrits sur des cartes. Ces listes, exposées aux tableaux 9 et 10, comprennent deux types de mots : a) des mots neutres, b) des mots affectivement chargés. Elles peuvent être rallongées si les thérapeutes le jugent souhaitable ou nécessaire.

Exemples de synonymes

mots à contenu neutre

Mot inducteur	Synonymes	Mot inducteur	Synonymes
Questionner	consulter, demander, interroger, se renseigner, investiguer, examiner	Conversation	entretien, dialogue, communication, échange
Salaire	revenu, traitement, paye, récompense, rétribution, rémunération, honoraires	Aller	se promener, marcher, déambuler, se rendre, se diriger, conduire, mener, aboutir, fonctionner, convenir, s'harmoniser
Information	indication, message, renseignement, tuyau, enquête, examen	Habitation	logement, demeure, abri, résidence, locatif, maison, appartement
Décision	jugement, verdict, arrêt, résolution, choix, sentence	Groupe	clique, bande, peloton, attroupement, collectivité

mots à contenu affectif

Mot inducteur	Synonymes	Mot inducteur	Synonymes
Joie	allégresse, jubilation, béatitude, extase, plaisir, bonheur, satisfaction, gaieté, liesse	Colère	rage, fureur, indignation, agressivité, énervement, emportement, courroux, irritation, déchaînement
Amour	sympathie, tendresse, affection, adoration, dévotion, attachement, altruisme, passion, béguin	Peur	crainte, horreur, frayeur, frousse, affolement, effroi, angoisse, épouvante, phobie, inquiétude, anxiété, alerte, appréhension, affolement
Douleur	maux, tourment, peine, souffrance, torture, chagrin, plainte		
Épuisement	abattement, faiblesse, fatigue, appauvrissement, raréfaction, pénurie	Courage	témérité, cran, héroïsme, cœur, bravoure, audace, hardiesse, vaillance, intrépidité
Nerveux	stressé, pressé, excité, agité, fiévreux, impatient, irritable, fort, émotif	Travail	job, emploi, gagne-pain, boulot, tâche, besogne, labeur, activité
Amical	attentionné, sympathique, chaleureux, affable, bienveillant, affectueux, réconfortant	Politesse	décence, égards, attention, obligeance, éducation, courtoisie, bienséance, correction
Malheur	catastrophe, malchance, désastre, drame, ruine, disgrâce, revers, échec, adversité, fléau, perte, infortune, accident, misère	Harmonie	équilibre, accord, ordre, bonheur, entente, paix, union, amitié, régularité, consonance
		Dispute	querelle, mésentente, conflit, controverse, bagarre, altercation, scène, chamaillerie, brouille, engueulade
Pleurer	hurler, brailler, gémir, sangloter, chialer, pleurnicher, implorer		
Ami	camarade, compagnon, copain, confident	Tristesse	chagrin, déprime, peine, mélancolie, abattement, affliction, cafard, amertume
Rire	se marrer, pouffer, ricaner, sourire		
Fatigué	épuisé, à bout, claqué, abattu, crevé, éreinté, exténué, vanné, énervé, lassé, ennuyé, harassé	Médicament	remède, potion, pilule, préparation
		Espoir	confiance, attente, foi, optimisme, chance

Tableau 9 — *Liste des mots inducteurs et synonymes associés pour l'exercice des synonymes.*

Exemples d'antonymes

mots à contenu neutre

Mot inducteur	Antonymes	Mot inducteur	Antonymes
Court	long	Départ	arrivée
Jour	nuit	Pluie	sécheresse, beau temps
Chaud	froid, frais, calme, glacé, flegmatique	Tranquillité	bruit, agitation, angoisse, trouble, désordre
Expert	profane, néophyte, amateur, novice, inexpérimenté, incapable	Précision	imprécision, confusion, ambiguïté, généralité, approximation, vague
Victoire	défaite, échec, déroute	Doux	dur, acide, fort, amer, salé, piquant, bruyant, rugueux, abrupt, agressif, acerbe, hargneux, violent
Gauche	droite, adroit, habile		
Homme	femme, enfant		
Moderne	démodé, ancien, vieux, antique, classique	Dessus	dessous, sous, bas
		Lent	rapide, accéléré, prompt, expéditif, instantané
Rassasié	affamé, avide, assoiffé, à jeun	Actif	passif, inactif, paresseux, apathique
Propre	sale, souillé, tâché, négligé, indécent, collectif, commun, incapable, immoral	Étroit	large, grand, spacieux, vaste, compréhensif, éclairé
Fermé	ouvert, dégagé	Mince	épais, fort, gros, large
Sec	mouillé, humide	Derrière	devant, avant, premier
Liquide	sec, solide, épais, gaz	Hier	demain

mots à contenu affectif

Mot inducteur	Antonymes	Mot inducteur	Antonymes
Amour	haine, antipathie	Malheur	bonheur, chance
Tristesse	joie, allégresse, plaisir, satisfaction, euphorie	Nerveux	détendu, lâche, flasque, mou, flegmatique, calme
Travail	loisirs, oisiveté, repos, vacances, chômage	Eloge	blâme, critique, reproche
		Laid	beau, joli, esthétique
Sain	malade, malsain	Ennuyeux	excitant, amusant, intéressant
Intelligent	bête, idiot, imbécile, abruti, stupide, sot		
		Lunatique	équilibré, stable
Rêve	réalité, action	Douter	être sûr, croire, admettre
Pleurer	rire, se réjouir, se marrer		

Tableau 10 — Liste des mots inducteurs et antonymes associés pour l'exercice des antonymes.

Comme pour tous les exercices verbaux présentés ici, la mise à disposition d'un dictionnaire dans la salle est recommandée. Un dictionnaire des synonymes peut s'avérer pratique. Il faut prévoir en outre du papier et des crayons pour les participants.

B. Introduction à l'exercice

✵ *Proposition de consigne*

> Nous allons à présent faire un exercice verbal. Nous allons vous distribuer des feuilles de papier et de quoi écrire. Il s'agit de trouver des synonymes et des antonymes à des mots que je vais vous donner.
> Pour rappel, un synonyme est un mot qui veut dire la même chose qu'un autre mot. Par exemple le mot bouquin est le synonyme du mot livre, s'en aller le synonyme de partir.
> Un antonyme est un mot qui signifie le contraire d'un autre mot. Par exemple, perdre est le contraire de gagner, difficulté est le contraire de facilité.

☞ *Indications au thérapeute*

- Vérifier auprès des participants leur compréhension des termes synonymes et antonymes.
- Demander de trouver d'autres synonymes/antonymes aux exemples donnés.

C. Déroulement de l'exercice

Les exercices se déroulent selon le schéma suivant :

1) Enonciation du mot inducteur
2) Les participants notent leur synonyme/antonyme
3) Les participants écrivent une phrase avec le synonyme/antonyme trouvé
4) Lecture des synonymes/antonymes trouvés
5) Discussion sur la qualité synonymique/antonymique des mots

✵ *Proposition de consigne*

> Je vous donne un mot. Ecrivez sur votre feuille un synonyme (antonyme) pour ce mot. Puis formulez une phrase avec le synonyme (antonyme) que vous aurez trouvé, écrivez-la également. A la fin nous verrons quels sont les synonymes (antonymes) que vous aurez trouvés.

☞ *Indications au thérapeute*
- Donner d'abord les mots à contenu neutre. Introduire les mots affectivement chargés quand les participants sont à l'aise avec les mots neutres.
- Quand les participants ont bien compris l'exercice, varier entre synonymes et antonymes. Marquer clairement le changement de consigne.
- Discuter des différences d'utilisation des synonymes (variation de degré entre un mot et son synonyme, utilisation populaire vs littéraire, etc.). Les phrases formulées sont ici d'une grande utilité.
- Expliciter la/les dimension(s) où se situe l'antonymie (par exemple : homme-femme, antonymie au niveau du sexe; homme-enfant, antonymie au niveau de l'âge).
- Amener les participants à consulter le dictionnaire.

Exercice 4 : Hiérarchie de concepts

A. Matériel

La liste des mots stimuli figure ci-dessous. Le thérapeute débute l'exercice par un mot stimulus. Il aura besoin d'un tableau assez grand, ou de plusieurs petits tableaux, de plusieurs craies ou feutres de couleurs différentes. Prévoir au moins 30 à 45 minutes par mot stimulus.

Exemples

I. Termes concrets :	– maison – moyens de transport – temps – été – légumes	– habits – cuisiner – fruits – saisons – faire sa valise
II. Termes chargés affectivement :	– soins d'hygiène – vacances – déménagement – réhabilitation – sentiments	– professions – loisirs – psychiatrie – médicaments – handicaps

Tableau 11 — Liste des mots pour l'exercice de hiérarchie de concepts.

B. Introduction à l'exercice

✳ *Proposition de consigne*

> Vous allez dans cet exercice créer et manier des concepts. Un concept est une catégorie qui regroupe un ensemble de mots qui ont un point commun entre eux. Ce point commun c'est ce que désigne le concept.

> Par exemple le mot chaussure est un concept. Les souliers de montagne, les baskets, les bottes, les savates : tous sont des chaussures. Quand on parle de chaussure, on ne sait pas s'il s'agit de bottes, de mocassins ou de souliers à talon haut, mais on sait que c'est quelque chose qu'on met aux pieds pour marcher. Le concept de chaussures regroupe donc tous ces mots.
> Vous allez pouvoir dans cet exercice vous entraîner à construire et à manier des concepts.
> Cela va se dérouler en deux temps. D'abord je vais vous donner un terme et vous me direz un maximum de mots qui ont un rapport avec ce terme. Ensuite vous chercherez à regrouper les mots qui vont ensemble et à dire pourquoi vous les regroupez. On donnera un nom à chaque catégorie de mots que vous créerez. Chaque catégorie sera ainsi un nouveau concept.

☞ *Indications au thérapeute*

- Si nécessaire, donner davantage d'exemples.
- Inscrire au tableau le concept choisi comme exemple et laisser les participants y ajouter les mots qu'ils y associent.

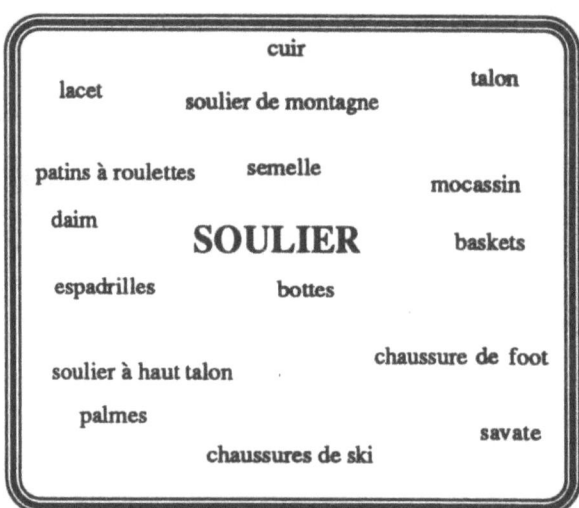

Figure 7 — Exemple d'association de mots pour l'exercice de hiérarchie de concepts.

C. *Déroulement de l'exercice*

L'exercice se déroule selon le schéma suivant :
1) Inscrire le terme stimulus au tableau.

2) Inviter les participants à associer sur le terme stimulus. Tous les mots trouvés sont inscrits au tableau.
3) Demander aux participants de regrouper les mots qui vont ensemble et de nommer le concept ainsi construit.
4) Faire justifier le nouveau concept et souligner les mots de la catégorie d'une même couleur.
5) Inscrire le nouveau concept avec les mots qui s'y rapportent à part sur le tableau.
6) Procéder de cette manière jusqu'à ce que la grande majorité des mots soient classés dans des catégories.

✱ *Proposition de consigne*

Je vous donne le mot « cuisiner ». L'un après l'autre vous allez proposer un mot qui vous passe par la tête quand vous pensez à cuisiner. On va inscrire tous les mots au tableau. Quand on en aura une trentaine on s'arrêtera. Commencez s'il vous plaît.
(après l'association verbale)
Excellent, nous avons maintenant 36 mots écrits au tableau. Quelqu'un veut-il les relire s'il vous plaît ? S'il y a un mot dont vous ne connaissez pas bien le sens, dites-le.
(après la lecture)
Bon, à présent essayez de regrouper des mots qui vont ensemble. Dites en quoi ils se ressemblent et essayez de donner un nom à la catégorie. Pour qu'une catégorie soit correcte, il faut que les mots inclus aient un point commun. Et c'est ce point commun que vous allez dégager. Si par exemple vous dites à quelqu'un le nom de la catégorie, il doit pouvoir retrouver les mots qu'on a mis dedans ; et si on lui donne les noms il pourra nommer la catégorie. Si on dit à quelqu'un « chaussure », il pourra dire par exemple bottes, souliers de montagne ou espadrille, et ce sera juste ; si au contraire, on lui donne des mots comme bottes, souliers de montagne ou espadrille, il retrouvera le concept de chaussure.

☞ *Indications au thérapeute*

– Faire inscrire par le co-thérapeute ou un participant tous les mots proposés. Il n'y a aucune censure au cours de l'association verbale.
– Augmenter le nombre de mots de l'association verbale en fonction du niveau du groupe (au début pas plus de 30 mots, puis au maximum 60 mots).
– Demander aux participants de vérifier si tous les mots du tableau appartenant à une catégorie ont été soulignés de la même couleur.

- Faire une synthèse finale en hiérarchisant les concepts entre eux.
- Rappeler une définition simple du concept (pouvoir trouver le nom du concept à partir des mots soulignés et vice-versa) lors de catégories peu adéquates et demander si cette définition s'applique à la catégorie en question. Faire corriger.
- On peut user de variantes à son gré : p. ex. donner une liste préétablie de mots à partir de laquelle on recherche les concepts, etc.

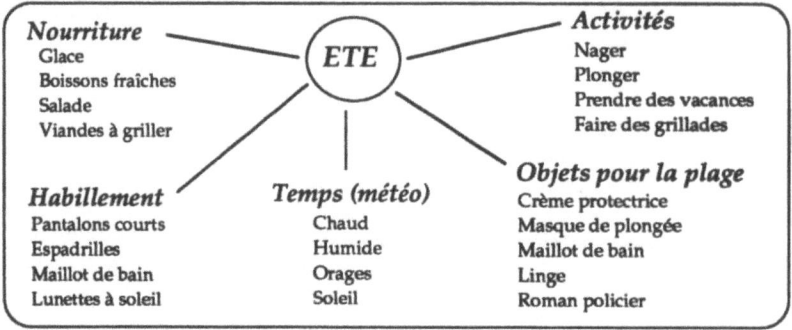

Figure 8 — Exemple de hiérarchie.

Exercice 5 : Cartes à mots

A. *Matériel*

Le matériel consiste en une série de cartes sur lesquelles sont inscrits, l'un à côté de l'autre, bien visibles, deux mots, dont l'un est souligné. Le tableau 12 donne la liste des cartes qui regroupent des mots concrets et des mots abstraits ou affectivement chargés.

Du papier et de quoi écrire, un dictionnaire et un tableau noir font partie du matériel nécessaire.

Exemples

mots concrets

Stylo - Plume	Allumette - Briquet
Girafe - Singe	Chemise - Pantalon
Eau - Savon	Neige - Glace
Poisson - Arête	Lit - Chaise longue
Mer - Lac	Sandale - Botte
Fleur - Vase	Bougie - Lampe
Papier - Crayon	Bonnet - Chapeau

Outil	- Marteau	Eté	- Hiver
Epine	- Rose	Faim	- Repas
Fenêtre	- Cadre	Poche	- Portefeuille
Verre	- Assiette	Journal	- Livre
Dollar	- Pièce	Montre	- Aiguille
Couteau	- Cuillère	Sommeil	- Repos
Pain	- Beurre	Petit déjeuner	- Souper
Rocher	- Pierre	Pluie	- Soleil
Tabac	- Cigare	Feuille	- Mille-feuille
Bas	- Chaussette	Chat	- Rat
Toit	- Brique	Or	- Argent
Bouteille	- Cruche	Fauteuil	- Chaise
Rideau	- Volet	Chaussure	- Talon
Tiroir	- Commode	Couvert	- Couteau
Pot	- Couvercle	Duvet	- Coussin
Arbre	- Feuille	Brindille	- Bois
Oiseau	- Merle	Canapé	- Fauteuil

mots abstraits ou affectivement chargés

Colère	- Mal de tête	Rire	- Rage
Optimisme	- Désespoir	Rage	- Tristesse
Pleurer	- Rire	Peur	- Joie
Jalousie	- Amour	Amour	- Haine
Ennui	- Détente	Chance	- Malchance
Goutte	- Larmes	Harmonie	- Querelle
Stress	- Tranquillité	Nervosité	- Détente
Impression	- Savoir	Douleur	- Souffrance
Souci	- Peur	Tremblement	- Angoisse
Rire	- Joie	Contentement	- Mécontentement
Prétention	- Savoir	Larmes	- Tristesse

Tableau 12 — Liste des paires de mots utilisées.

B. Introduction à l'exercice

✱ *Proposition de consigne*

> Dans cet exercice vous allez recevoir une carte où sont inscrits deux mots : l'un des deux est souligné. Il s'agira de trouver un mot-clef qui se rapporte uniquement au mot souligné. Le but de l'exercice est de vous entraîner à trouver ce qui distingue deux objets ou deux mots, ce qui les rend différents.

☞ *Indications au thérapeute*

– Présenter une carte à titre d'exemple : « automobile/locomotive »; donner le mot-clé « wagon ». Faire chercher d'autres mots-clefs par les participants.

C. Déroulement de l'exercice

L'exercice se déroule selon le schéma suivant :
1) On donne une carte à un participant.
2) Celui-ci lit à haute voix les deux mots sans dire lequel est souligné.
3) Il fournit le mot-clef.
4) Les autres écrivent sur une feuille lequel des mots d'après eux est souligné.
5) On fait un tour de table pour obtenir les réponses de tous les participants.
6) Le premier participant fournit la réponse exacte.
7) Les autres membres du groupe donnent alors des arguments en faveur de leurs réponses et entament une discussion au sujet du mot-clef.

✸ *Proposition de consigne*

> Un de vous va recevoir une carte que le reste du groupe ne doit pas voir. Il lit les deux mots qui figurent sur la carte sans dire lequel est souligné. Puis il cherche un mot-clef qui se rapporte au mot souligné et pas à l'autre. Le groupe doit avec ce mot-clef trouver le mot souligné.
> La tâche consiste à proposer un mot-clef qui permet de découvrir quel mot est souligné.
> Chaque personne du groupe note sur une feuille le mot souligné et dit pourquoi elle pense que c'est ce mot-là qui est souligné.

☞ *Indications au thérapeute*

– Obtenir les réponses de tous les participants avant la vérification.
– Susciter la discussion en demandant des arguments pour les réponses données.
– Faire chercher par le groupe d'autres mots-clefs.
– Faire expliquer en cas d'erreur pourquoi le mot-clef n'est pas adapté.

Exercice 6 : Concepts à significations différentes selon le contexte

A. Matériel

Le matériel consiste en une série d'objets ou de mots à la disposition de l'animateur.

Exemples

– Ampoule	– Feuille	– Plume
– Chaîne	– Lentille	– Lunette
– Dos	– Volant	– Passage
– Echelle	– Terme	– Train
– Acte	– Note	– Champ
– Canne	– Langue	– Vol
– Port	– Rose	– Carton
– Clef	– Barbe	– Boîte
– Terre	– Arbre	– Cor
– Solde	– Fraise	– Dossier
– Grain	– Air	– Vase
– Goutte	– Tuile	– Iris
– Scène	– Explication	– Cœur

Tableau 13 — Liste des concepts utilisés dans l'exercice.

B. Introduction à l'exercice

* Proposition de consigne

> Il existe des mots dont le sens peut varier suivant le contexte où on les utilise. Si je prends par exemple le mot feuille, il peut signifier soit un morceau de papier soit la partie d'une plante, d'un arbre. Dans cette phrase : «En automne l'arbre perd ses feuilles», feuille signifie la partie d'une plante, alors que dans celle-ci : «Je note mes phrases sur une feuille quadrillée», feuille se rapporte au papier.
> Je vous montre maintenant deux ou trois objets ou photos qui représentent des choses nommées de la même façon. Vous allez formuler des phrases avec le nom de l'objet, et on devra découvrir de quel objet il s'agit. A la fin on écrira au tableau les points communs et les différences entre les mêmes mots.

Figure 9 — Images pour les mots à significations différentes selon le contexte.

C. *Déroulement de l'exercice*

L'exercice se déroule selon le schéma suivant :

1) Proposer le mot stimulus (ou les objets, réels ou en photo, qu'il désigne).
2) Inviter chaque participant à formuler/écrire une phrase avec le mot stimulus.
3) Faire expliciter la définition du mot stimulus pour chaque phrase.
4) Faire synthétiser l'ensemble des définitions trouvées.
5) Inscrire au tableau les points communs et les différences entre les définitions.

✶ *Proposition de consigne*

> Voici trois photos (p. ex. une petite fiole de liquide, une cloque à un pied et une ampoule électrique). Pouvez-vous dire de quoi il s'agit ? Bien, il s'agit chaque fois d'une ampoule.
> (s'adressant à un participant)
> Voulez-vous s'il vous plaît formuler une phrase avec le mot ampoule.
> (après la formulation de la phrase)
> Merci pour votre phrase. Quelqu'un peut-il dire dans quel sens le mot ampoule a été utilisé ici ?
> (à la fin de l'exercice)
> Pouvez-vous résumer les différents sens du mot ampoule ? Quelles différences y a-t-il entre une ampoule électrique, une fiole de liquide et une ampoule aux pieds ? Quels sont les points communs ? Nous allons mettre par écrit ces éléments. Nous allons aussi mettre par écrit les situations particulières où on emploie l'une ou l'autre des trois significations.

☞ *Indications au thérapeute*

– Se référer à plusieurs dimensions de comparaison lors de la recherche des points communs et des différences (p. ex. : forme, matériel, provenance, usage/fonction, poids, grandeur etc.).
– Commencer par des mots concrets et courants (avec ou sans support matériel/photographique selon le niveau du groupe), puis passer à des mots plus abstraits ou affectivement chargés.
– Relever dans les différentes formulations, les moments où des confusions entre différents sens peuvent apparaître, et reclarifier celles-ci à travers des exercices du même type que celui qui vient d'être développé.

Degré 3 : Stratégies de recherche : jeu des 30 questions

A. Matériel

Cet exercice ne nécessite aucun matériel particulier. Il s'agit de choisir un objet dans l'entourage (salle, clinique, etc.). Un tableau permettra d'inscrire les propositions et indices.

B. Introduction à l'exercice

✶ *Proposition de consigne*

> L'exercice que je vous propose à présent est un jeu qui entraîne à la logique d'esprit. Un parmi vous choisit un objet dans cette salle et le note sur une feuille. Personne ne doit savoir de quel objet il s'agit. Chacun à son tour pose une question pour deviner quel est cet objet. Dans l'ensemble trente questions sont admises. Celui qui aura choisi l'objet ne pourra répondre aux questions que par oui ou par non. Si la réponse est oui, on a droit à une deuxième question, si c'est non, on passe tout de suite au suivant. Chaque indice sera noté au tableau. On dispose donc en tout de trente questions pour trouver l'objet ; si après on n'a toujours pas trouvé, celui qui aura choisi l'objet nous donnera la réponse.

☞ *Indications au thérapeute*

- Préciser que l'objet doit être concret.
- Si nécessaire montrer le déroulement à travers l'exemple d'un objet choisi par le thérapeute et connu de tous.
- Bien préciser que la réponse donnée ne peut être que oui ou non pour que chacun se souvienne de cette règle lorsqu'il pose une question.

C. Déroulement de l'exercice

L'exercice se déroule selon le schéma suivant :

1) Faire choisir par un participant un objet dans l'entourage.
2) Ecrire le nom de l'objet en question sur une feuille accessible au seul co-thérapeute.
3) A tour de rôle chaque membre du groupe pose une question et reçoit une réponse par oui ou par non du participant qui a choisi l'objet.
4) Faire noter chaque indice au tableau.
5) Quand un participant trouve l'objet, le groupe discute sur les éléments essentiels qui l'ont mis sur la bonne piste.

6) Si au bout des trente questions le groupe n'a pas trouvé l'objet, le participant l'ayant choisi donne la réponse.

✻ *Exemple d'animation*

> (Monsieur A est le participant qui a choisi l'objet.)
> Thérapeute : Madame B, à vous la première question !
> Madame B : Est-ce que c'est le radiateur ?
> Monsieur A : Non
> Madame C : Est-ce qu'il vit ou est-ce du matériel ?
> Thérapeute : Mme C, pour que Monsieur A puisse vous répondre par oui ou non, je crois qu'il conviendrait que vous choisissiez de demander ou l'un ou l'autre.
> Madame C : Est-ce que c'est vivant ?
> Thérapeute : Voilà une question pertinente. Voyons la réponse.
> Monsieur A : Non
> Monsieur D : Est-il plus grand que la table ?
> Monsieur A : Oui
> Thérapeute : Je crois, Monsieur D que vous avez posé là une bonne question qui nous fait progresser dans notre recherche...

☞ *Indications au thérapeute*

- Faire écrire au tableau sur deux colonnes les informations obtenues (p. ex. : ce que l'objet est/ce que l'objet n'est pas).
- Renforcer les questions générales à haute valeur informative qui permettent de progresser de façon systématique à partir d'une qualité générale vers l'objet particulier.
- Consacrer si nécessaire une séance à la recherche de questions générales utilisables dans le jeu.
- Faire choisir un objet en dehors de la salle tout en fixant un cadre limite (p. ex. : dans le bâtiment où se trouve le groupe, dans la clinique, dans la ville, etc.)

Sous-programme 2
Perception sociale

1. INTÉRÊT THÉORIQUE ET JUSTIFICATION DU SOUS-PROGRAMME

Le processus de la perception visuelle englobe la saisie d'informations et le traitement de celles-ci. Percevoir c'est donc examiner et reconnaître (Gibson, 1950). Nous savons aujourd'hui que le recueil et le traitement de l'information peuvent être perturbés chez les personnes atteintes de schizophrénie (Knight, 1984).

En ce qui concerne la saisie d'informations, les déficits se situent essentiellement au niveau de l'attention sélective, c'est-à-dire la capacité de distinguer entre stimuli pertinents et stimuli insignifiants (McGhie & Chapman, 1961; Zubin, 1975; Knight & Sims-Knight, 1980). Les troubles de l'attention sélective pourraient avoir entre autres une origine génétique dans la mesure où ils ont pu également être observés auprès d'enfants et parents non malades de patients schizophrènes (Mednick & Schulsinger, 1968; Asarnow & MacCrimmon, 1978). Une attention sélective perturbée porte atteinte avant tout à la perception visuelle, mais la perception auditive peut aussi être touchée (Harris, Ayer & Leek, 1985).

Les troubles de l'attention sélective visuelle impliquent une distractivité plus élevée dans le champ visuel, des difficultés à se focaliser et une inondation par stimuli (Knight, 1984; Persons & Baron, 1985). Les patients schizophrènes ont l'impression qu'ils sont constamment distraits par des stimuli insignifiants, que leurs yeux ne peuvent plus rien fixer ou qu'ils ne parviennent plus à mettre de l'ordre dans leurs perceptions (Süllwold, 1983).

A l'heure actuelle, on sait que la perturbation de l'attention sélective peut influencer directement la pensée formelle (Persons & Baron, 1985), les comportements de communication et même le vécu émotionnel (Vaughn & Leff, 1976a, 1976b; Doane, West, Goldstein, Rodnick & Jones, 1981). D'une manière générale, tous les troubles des fonctions cognitives peuvent altérer des domaines de fonctionnement plus complexes comme les compétences sociales ou l'adoption d'un rôle social (Brenner, 1986).

Au niveau du traitement de l'information, Poljakov (1973), Brenner (1979) et Plaum (1980) ont pu montrer que le recours aux expériences passées peut faire défaut chez les patients souffrant de schizophrénie. Ces derniers peuvent par exemple avoir de la peine à évaluer si un geste de la main signifie un salut d'acceuil ou de congé. N'arrivant pas à se référer aux expériences passées, ils ne parviennent que de manière insatisfaisante à interpréter les situations en fonction de leur contexte.

Selon les recherches de Feinberg, Rifkin, Schaffer & Walker (1986) ainsi que Berndl, von Cranach & Grüsser (1986), c'est à cause de leurs troubles de la perception visuelle que les patients schizophrènes se comportent souvent de façon inadéquate dans des situations sociales. Les visages en général et les mimiques en particulier offrent, en comparaison avec d'autres stimuli visuels, une quantité importante de stimuli qui se modifient constamment. En cas de troubles de l'attention sélective, des erreurs d'interprétation peuvent apparaître plus fréquemment et entraîner d'autres troubles. Feinberg et collaborateurs (1986) ont reconnu que ce ne sont pas seulement le changement ou la quantité des stimuli dans les situations sociales mais aussi le contenu émotionnel souvent élevé qui représentent une charge pour les patients. Les visages humains en tant qu'instruments essentiels d'une communication affective peuvent à cet égard être perçus comme perturbants. Dans ce cas, les contingences réciproques entre processus émotionnels et cognitifs peuvent engendrer un cercle vicieux qui ne fait qu'augmenter les difficultés (Brenner, 1986). Quand l'implication affective représente une charge élevée on observe davantage de perturbations cognitives (Käsermann, 1983).

L'objectif de ce sous-programme demeure l'amélioration de la perception visuelle des situations sociales. D'une part, il s'agit de corriger les troubles de l'attention visuelle qui sont responsables de la sur-stimulation et de la distraction (prise d'information). De l'autre, les patients apprennent à appréhender de façon plus adéquate les différentes situations sociales à travers la construction de schémas d'interprétation basés sur l'utilisation correcte des expériences passées (traitement de l'information).

2. APERÇU GLOBAL DU SOUS-PROGRAMME

Le sous-programme prévoit l'analyse en groupe de diapositives représentant diverses situations sociales. Trente diapositives sont proposées par les auteurs (Roder *et al.*, 1988), ordonnées selon le degré de complexité cognitive et de charge émotionnelle. Lorsque les diapositives peu complexes et émotionnellement neutres sont maîtrisées, le thérapeute propose des images plus complexes et émotionnellement plus chargées.

L'analyse de chaque diapositive respecte le même schéma (v. tableau 14). Dans un premier temps, les patients décrivent les détails de l'image sans chercher à les interpréter. L'interprétation du contenu de la diapositive est réalisée dans un deuxième temps ; elle cherche à éviter des interprétations inadéquates basées exclusivement sur quelques détails de la scène et ne tenant pas compte du contexte.

> 1. Recueil d'informations
> 2. Interprétation et discussion
> 3. Recherche d'un titre

Tableau 14 — Les 3 étapes de l'exercice de perception sociale.

Le retour constant aux éléments objectifs de l'image confère ainsi aux interprétations une meilleure validité. Le troisième temps de l'exercice consiste à imaginer un titre à la diapositive qui soit unanimement accepté par le groupe. Les patients peuvent par là développer leurs capacités de synthèse mais aussi de négociation, car le thérapeute cherche à favoriser d'une part l'argumentation et d'autre part le consensus entre les participants.

3. MATÉRIEL

Le matériel se compose de 30 diapositives standardisées représentant diverses situations sociales.

L'utilisation des diapositives en thérapie suit un ordre déterminé qui respecte la logique suivante :
1. Diapositives peu complexes et émotionnellement neutres
2. Diapositives complexes mais peu chargées émotionnellement
3. Diapositives émotionnellement chargées mais peu complexes
4. Diapositives complexes et émotionnellement chargées.

Le tableau 15 présente les caractéristiques des diapositives. Celles-ci peuvent être obtenues auprès des auteurs (*cf.* note 1, p. 61). Les deux premières colonnes du tableau indiquent l'ordre chronologique d'utilisation des diapositives et leur numéro dans le lot livré par les auteurs (N° original). La troisième colonne propose un titre indicatif, alors que les deux dernières colonnes montrent les résultats d'un sondage effectué auprès de professionnels de la santé mentale (psychologues, médecins, infirmiers, etc.), révélant le degré d'accord sur la complexité cognitive et la charge émotionnelle des diapositives. D'autres diapositives peuvent bien entendu être utilisées.

❶ *Diapositives à contenu peu complexe et émotionnellement neutre*

Ordre d'utilisation	No original	Titre	Complexité cognitive (% d'accord)	Charge émotionnelle (% d'accord)
1.	22.	Téléphone	74 %	81 %
2.	12.	Attente à la gare	62 %	68 %
3.	1.	Femme se brossant les dents	61 %	58 %
4.	17.	Partie de cartes	62 %	48 %
5.	2.	Travail sur bois dans l'atelier	42 %	90 %
6.	21.	Passage pour piétons	45 %	74 %

❷ *Diapositives à contenu complexe et émotionnellement neutre*

Ordre d'utilisation	No original	Titre	Complexité cognitive (% d'accord)	Charge émotionnelle (% d'accord)
7.	16.	Musée	74 %	61 %
8.	3.	Faire les courses	71 %	61 %
9.	30.	Foule	71 %	61 %

❸ *Diapositives à contenu peu complexe et émotionnellement chargé*

Ordre d'utilisation	No original	Titre	Complexité cognitive (% d'accord)	Charge émotionnelle (% d'accord)
10.	4.	Vie de famille	61 %	97 %
11.	15.	Consolation	62 %	90 %
12.	29.	Quotidien du couple	61 %	84 %
13.	7.	Amertume	55 %	97 %
14.	13.	Se saluer	68 %	71 %
15.	18.	Joie	55 %	90 %
16.	14.	Assumer la critique	58 %	74 %

❹ *Diapositives à contenu complexe et émotionnellement chargé*

Ordre d'utilisation	No original	Titre	Complexité cognitive (% d'accord)	Charge émotionnelle (% d'accord)
17.	9.	Larmes	68 %	94 %
18.	26.	Discussion	71 %	90 %
19.	20.	Solitude	67 %	90 %
20.	8.	Menace	81 %	77 %
21.	19.	Plongée dans ses pensées	65 %	90 %
22.	10.	Ennui	65 %	87 %
23.	11.	Amoureux	61 %	90 %
24.	23.	Bidonville	74 %	74 %
25.	6.	Soins de beauté	87 %	60 %
26.	24.	Dispute	61 %	84 %
27.	5.	Touristes	84 %	61 %
28.	25.	Camping	52 %	84 %
29.	27.	Chœur	58 %	77 %
30.	28.	Mise de côté	58 %	68 %

Tableau 15 — Liste des diapositives du sous-programme Perception sociale.

☞ *Indications au thérapeute*

- S'assurer du bon fonctionnement et de la maîtrise dans le maniement du projecteur de diapositives.
- Prévoir une surface blanche où projeter l'image.
- Veiller à la disposition des sièges : permettre à chaque participant de bien voir l'image projetée et de rester en contact avec le reste du groupe (préférer un demi-cercle où le thérapeute occupe le centre).
- Planifier une durée de 30 à 60 minutes par diapositive.
- Préparer un tableau noir ou du papier pour inscrire le cas échéant les détails importants de l'image.

– Bien connaître le contenu des images présentées ; un jeu de rôle entre thérapeute et co-thérapeute concernant la scène présentée facilitera la mise en confiance par rapport aux détails de l'image.

4. INTRODUCTION AU SOUS-PROGRAMME

✱ *Consigne aux participants*

> Nous allons projeter une diapositive qui montre une situation particulière. L'exercice que nous allons faire sur cette image se déroule en trois temps.
> 1. Vous allez décrire tous les détails que vous apercevrez sur l'image, sans rien oublier.
> 2. Vous allez interpréter ces détails, leur donner un sens. C'est ici que nous essayerons de comprendre ce qui se passe sur l'image.
> 3. Je vais vous demander de trouver un titre à l'image, un titre qui convient à tous.
> Il est très important de respecter les trois étapes de l'exercice : (1) décrire ce qu'on voit, (2) interpréter, donner un sens, (3) trouver un titre.

☞ *Indications au thérapeute*
– Donner la consigne et projeter une première image à titre de démonstration.
– Vérifier la compréhension de l'exercice : demander aux participants de répéter les consignes, de rappeler la différence entre description et interprétation.

5. DÉROULEMENT DU SOUS-PROGRAMME

Rappel des trois étapes :
1. Recueil d'informations
2. Interprétation et discussion
3. Recherche d'un titre

1. Recueil d'informations

✳ *Consigne aux participants*

Décrivez tous les détails que vous observez sur cette image. N'en oubliez aucun. Examinez attentivement chaque partie de l'image et ne citez que les éléments visibles sans chercher à les interpréter. Décrivez l'image comme si vous deviez la décrire à un dessinateur qui ne la voit pas mais qui doit la reproduire sur un tableau.

☞ *Indications au thérapeute*

- Accentuer le terme « décrire », car il représente le « noyau dur » de l'exercice.
- Réexpliquer en détail pendant l'exercice ce qu'on entend par décrire et illustrer le propos à chaque occasion où le doute semble prendre le dessus.
- Lorsqu'une réponse n'est pas conforme à la consigne, remercier le participant pour son apport et remettre en question sa réponse par rapport à la consigne sans la corriger directement.
- Orienter ou réorienter les réponses des participants sur les détails visibles de l'image.
- Faire « voyager » les participants dans toute l'image sans s'arrêter seulement sur un ou deux éléments, même si ceux-ci sont les plus importants.
- Faire désigner les détails directement sur l'image.
- Ne pas insister sur des détails flous difficiles à observer, mais évaluer leur importance par rapport à l'image et inviter à poursuivre l'exploration de la scène.
- Variante : présenter la diapositive pendant quelques instants, puis l'enlever et poser des questions sur l'image.

Figure 10 — Diapositive
«Soins de beauté».

2. Interprétation et discussion

✳ *Consigne aux participants*

> Rassemblez les détails importants de l'image et donnez leur un sens. Interprétez-les. Que se passe-t-il dans cette image ? Qui sont les personnages ? Quelles sont les relations entre eux ? Que ressentent-ils ? Où la scène se déroule-t-elle ? Quand cela se passe-t-il ?
> Attention, vous devrez justifier vos interprétations, expliquer pourquoi vous pensez telle ou telle chose. Revenez toujours sur les détails de l'image pour confirmer ce que vous pensez.
> N'oubliez pas non plus qu'il y a parfois des situations qui ne sont pas interprétables car on manque d'informations. Repérez aussi les éléments ininterprétables de l'image et tenez compte de la présence de ce doute.

☞ *Indications au thérapeute*

- Ne pas s'impliquer directement dans la proposition, la formulation ou la justification d'une interprétation. Reformuler ce qui a été compris de l'interprétation donnée ou poser des questions qui favorisent l'argumentation pour ou contre l'hypothèse avancée.
- Utiliser des jeux de rôle ou des mimes lors d'interprétations difficiles.
- Reformuler les interprétations en termes d'hypothèses.
- Faire confronter les interprétations entre elles : amener chacun à défendre son idée ou celle d'un autre participant. Insister sur les éléments confirmant ou infirmant une hypothèse donnée.
- Eviter les spéculations sur des éléments non visibles de l'image. Refocaliser l'attention sur les détails observables en rappelant qu'on ne peut rien conclure sur ce qu'on n'a pas vu.

3. Recherche d'un titre

✳ *Consigne aux participants*

> Vous allez à présent donner un titre à cette image. Je rappelle deux règles fondamentales.
> 1. Le titre doit s'appliquer et convenir à l'image ; il doit en résumer les éléments importants. Evitez de donner des titres trop longs difficiles à garder en mémoire.
> 2. Il est souhaitable que vous soyez tous d'accord sur le titre que vous donnerez à l'image. Vous allez discutez entre vous pour choisir le bon titre qui convient à tout le monde.

☞ *Indications au thérapeute*

- Demander à chaque participant son titre. Celui-ci peut être inscrit au tableau. On peut aussi proposer à chacun d'écrire au préalable son titre sur un bout de papier.
- Inviter chaque participant à formuler sa propre argumentation pour défendre son titre.
- Dans la recherche des titres, noter chaque proposition telle qu'elle a été formulée. Il n'y a pas de reformulation par le thérapeute.
- Susciter la discussion de groupe : les patients sont tenus de justifier chaque titre, éliminer ceux trop vagues ou inadéquats, et enfin sélectionner celui qui sera choisi en dernier ressort.
- Eviter dans le titre les éléments dont l'interprétation a laissé planer un doute.
- Consacrer l'unanimité par un vote final. En cas de désaccord au sein du groupe, retenir le vote de la majorité et ajouter qu'il n'est pas toujours possible d'obtenir l'unanimité.
- En cas de choix inadéquat, proposer des alternatives à discuter, refocaliser sur les détails de l'image.
- Ne pas imposer de titre. C'est le groupe qui en dernier ressort choisit le titre, même s'il n'est pas des plus adéquats.

Figure 11 — Diapositive «Assumer la critique».

Sous-programme 3
Communication verbale

1. INTÉRÊT THÉORIQUE ET JUSTIFICATION DU SOUS-PROGRAMME

Les troubles des processus de la communication chez les patients schizophrènes ont été largement documentés dans la littérature (Maher, 1972 ; Schwartz, 1978 ; Andreasen, 1979 ; Chaika, 1982 ; Käsermann, 1983, 1986 ; Tress, Pfaffenberger & Frommer, 1984 ; Lanin Kettering & Harrow, 1985 ; Grove & Andreasen, 1985).

Par exemple, Andreasen (1979) a établi une liste détaillée des différentes formes que peuvent revêtir ces troubles : pauvreté du langage (réponses brèves, peu informatives, monosyllabiques, expression spontanée restreinte, «hyperconcrète» ou abstraite); langage quantitativement surproductif (langage rapide difficile à interrompre; phrases non complètes soumises à l'expression immédiate de nouvelles idées); langage dispersé; réponses à côté; perte du fil du discours en revenant à des sujets sans rapport avec le contenu originel; incohérence; illogisme; associations phonétiques; néologismes; expressions bizarres; langage circonstancié, évasif; perte de l'intentionnalité; persévération verbale; écholalie; blocages; langage maniéré; personnalisation des contenus; paraphasie phonémique et sémantique.

Nombre de ces troubles ne sont pas spécifiques de la schizophrénie et se manifestent aussi dans d'autres groupes nosologiques. Ce qui reste propre à la schizophrénie est l'importante fluctuation dans le temps du degré de pathologie du langage (Süllwold, 1983). Ainsi, de nombreuses études, notamment dans la recherche familiale, montrent que des altérations psychopathologiques — entre autres dans le domaine verbal — apparaissent surtout dans les situations à contenu émotionnel (Doane *et al.*, 1981; Goldstein & Doane, 1982; MacFarlane, 1983; Falloon *et al.*, 1985) ou lorsque les thèmes abordés ont pour les patients une signification aversive (Käsermann, 1983).

Il existe dans la littérature une controverse quant à l'origine de ces troubles du langage, mais certaines données tendent à renforcer l'hypothèse qu'ils résultent de déficits dans le traitement de l'information (Schwartz, 1982; Grove & Andreasen, 1985). Lors de thématiques individuellement contrariantes (p. ex. avec les proches), le niveau d'activation physiologique du patient augmente parallèlement à son implication affective (Oehman, 1981). La quantité d'informations à traiter n'est plus adéquatement maîtrisée par lui, en raison des troubles cognitifs plus prononcés (Nuechterlein & Dawson, 1984b) et des déficits attentionels et perceptuels typiques. Dans ce cas, le patient ne perçoit plus que certaines parties des messages de son interlocuteur qu'il risque ensuite d'associer de manière erronée. Son langage devient alors inadéquat, chargé d'éléments psychopathologiques. Les interlocuteurs, autant que lui-même, s'en rendent compte : des remarques disqualifiantes peuvent lui être adressées, elles ne font qu'augmenter la charge affective de la situation. Un cercle vicieux peut rapidement s'installer où les troubles sont renforcés par la réaction qu'ils entraînent, mettant hors fonction le système de communication.

Ce sous-programme, qui se réfère aux données de la recherche sur l'altération de la communication dans les familles de patients atteints de schizophrénie (informations vagues et contradictoires, réponses à côté, disqualification de l'avis d'autrui, etc.), a pour but, entre autres, d'apprendre aux participants à tenir compte de la contribution d'autrui, à essayer de comprendre leur manière de penser, enfin à distinguer et respecter leurs points de vue.

2. APERÇU GLOBAL DU SOUS-PROGRAMME

Le sous-programme comprend cinq étapes dont l'ordre respecte une gradation dans la difficulté. Les premières étapes sont hautement structurées quant au matériel utilisé et à la forme d'animation; la structuration va en diminuant dans les étapes suivantes.

1. Reproduction littérale de phrases données
2. Reproduction sémantique de phrases formulées par les participants
3. Questions-réponses sur un thème choisi
4. Questions du groupe à un membre sur un thème préparé par ce dernier
5. Communication libre

Tableau 16 — Les cinq étapes du sous-programme de communication verbale.

L'entraînement commence par la reproduction littérale de phrases données comprenant cinq à vingt mots, d'abord à contenu neutre, puis à contenu affectif. Dans un deuxième temps, ce sont les participants qui formulent des phrases à partir de termes donnés par le thérapeute. Ces phrases sont ensuite reproduites d'après leur sens.

Dans une troisième phase, les participants formulent des questions et donnent les réponses sur un sujet déterminé et travaillé en groupe. Dans l'étape suivante le groupe interroge un participant sur un thème préparé par l'un des membres du groupe; le participant qui répond doit donc fournir un effort supplémentaire dans la mesure où il est mis en position centrale face au groupe. Le thérapeute veille à ce que la communication reste centrée sur le thème préparé et suive un certain fil rouge.

Le sous-programme se termine par l'exercice de la communication libre où la discussion se déroule autour d'un sujet proposé spontanément. L'attention du thérapeute se porte sur la qualité de la communication.

Au fur et à mesure du déroulement du sous-programme le rôle du thérapeute change. Si au départ il dirige les débats, donne la parole, propose le matériel et structure la séance, il adopte par la suite une attitude plus en retrait où les participants prennent activement part à la structuration de la séance : son rôle devient avant tout celui d'un observateur critique du processus de communication dans ses aspects verbaux, para-verbaux et non-verbaux. Les participants deviennent progressivement plus actifs dans l'apport de matériel; des thématiques concernant leur vie quotidienne sont également peu à peu introduites de sorte qu'ils peuvent s'entraîner aux processus de communication dans un cadre plus proche de la réalité.

3. INTRODUCTION AU SOUS-PROGRAMME

En guise d'introduction et d'illustration le thérapeute pratiquera la «ronde du chuchotement» qui met bien en évidence les différents aspects du schéma de la communication. Il présentera ensuite un schéma simple de la communication où il insistera plus particulièrement sur les habiletés d'écoute, de compréhension et de prise de position, souvent dysfonctionnelles chez le patient schizophrène.

✳ *Explications aux participants*

> Quand vous parlez avec quelqu'un, trois choses se passent : d'abord vous entendez ce que la personne dit, ensuite vous essayez de comprendre ce qu'elle a dit, enfin vous préparez et vous donnez votre réponse. Chacune de ces étapes nécessite des habiletés qui peuvent être perturbées par la maladie. Il arrive qu'on ne puisse pas suivre entièrement le discours de l'interlocuteur ; la compréhension peut par la suite faire défaut. Il devient alors très difficile de prendre position et de donner une réponse. Ecouter, comprendre et répondre adéquatement sont les trois objectifs de ce sous-programme.

☞ *Indications au thérapeute*

- S'aider d'un schéma visuel simple pour présenter les habiletés et étapes de la communication (écoute, compréhension et réponse).
- Rester concis dans la présentation des exercices. Offrir plutôt une image globale du sous-programme qu'une description détaillée de ses exercices.
- Chercher à obtenir des témoignages personnels sur les difficultés de la communication. Les analyser brièvement selon le schéma, s'en servir comme facteurs de motivation à la participation.

✳ *Proposition de consigne*

> Ce programme que nous commençons sera différent de ce que nous avons fait jusqu'à présent. Pour exercer l'écoute, la compréhension et la réponse, nous allons faire les choses suivantes. D'abord vous allez vous entraîner à répéter mot pour mot des phrases qu'on lira. Ceci est un excellent exercice pour améliorer l'écoute exacte. Après, vous vous entraînerez à formuler des phrases à partir de mots, et à répéter le sens de ces phrases. Répéter le sens d'une phrase est quelque chose que l'on fait souvent pour s'assurer qu'on a bien compris ce que l'autre a dit et qu'on suit bien la conversation.
> De plus, dans une conversation on pose des questions, on répond à

des questions. Ceci est quelque chose d'important. Dans le troisième exercice il s'agira de poser des questions sur un thème précis et d'y répondre.
Plus tard, c'est vous qui choisirez le thème à discuter, à partir par exemple d'un article de journal ou de revue que vous aurez lu à la maison. Vous pouvez amener vous-même des articles à discuter ou proposer des thèmes, car il vous appartiendra aussi dans vos conversations personnelles de choisir des sujets.

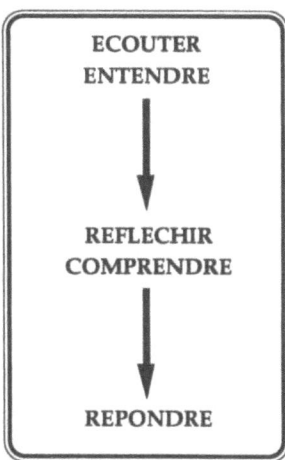

Figure 12 — Schéma simple illustrant les trois étapes de la communication verbale.

La ronde du chuchotement

Il s'agit là d'une petite expérience ou démonstration qui vise à mettre en évidence les possibilités de déformation des messages dans une communication. Le thérapeute chuchote à l'oreille de son voisin un message (préalablement noté sur une feuille). Le voisin le transmet de la même façon à son voisin et ainsi de suite jusqu'au dernier participant qui écrit le message reçu au tableau. On compare à la fin les deux versions.

✳ *Proposition de consigne*

Nous allons faire une petite expérience de communication. J'ai noté un message sur cette carte. Je vais le chuchoter à l'oreille de l'un de vous. Puis celui-ci le chuchotera à son voisin, et ainsi de suite jusqu'à la dernière personne qui écrira le message au tableau. Avez-vous bien compris ? Voulez-vous répéter la consigne s'il vous plaît.

☞ *Indications au thérapeute*

- Illustrer à partir de cet exemple concret comment des opinions, des idées, des ordres, des informations peuvent être transmis de façon incorrecte, amener des malentendus ou des problèmes.

4. DÉROULEMENT DU SOUS-PROGRAMME

Degré 1 : Reproduction littérale de phrases

A. Matériel

Le matériel se compose de cartes en carton de petit format. Sur chaque carte se trouve une phrase écrite de façon lisible. Les phrases varient selon deux critères : le nombre de mots qu'elles contiennent (entre 5 et 20), leur tonalité neutre ou affective.

Exemples

Tonalité neutre

5-10 mots :
1. Samedi nous irons à Lausanne faire les courses. (7)
2. Ce week-end je vais rendre visite à une connaissance à Genève. (9)
3. La poste est fermée aujourd'hui. (5)
4. Le café du Soleil est ouvert le dimanche. (8)
5. Ma voisine de chambre doit aller à l'hôpital mardi. (8)
6. A l'atelier de cuisine nous préparons aujourd'hui pizza et salade. (9)
7. Ma lampe de chevet ne marche plus car l'ampoule a sauté. (10)
8. Demain soir j'aimerais aller au cinéma à Montreux. (7)
9. Le bus qui va de Villeneuve à Vevey était plein aujourd'hui. (10)
10. Hier il y avait le marché à Lausanne. (6)
11. Le week-end je vais souvent à Château-d'Oex ou à Châtel-St-Denis. (8)
12. Marianne s'est acheté aujourd'hui un jeans dans un magasin d'habits. (10)
13. Après, j'irai chez le portier payer ma note de téléphone. (10)

11-15 mots :
1. Aujourd'hui, je n'irai pas à l'ergothérapie parce que je dois aller en ville à quatorze heures. (14)
2. Donne-moi les bouteilles vides, je vais passer tout à l'heure devant le container à bouteilles. (14)
3. Lorsqu'Eric a nettoyé hier la salle à manger, il a renversé un vase. (11)
4. Bien que nous sommes en juin, le lac est encore trop froid pour s'y baigner. (15)
5. Hier j'ai amené ma radio chez le réparateur car l'antenne était cassée. (12)
6. Après ton travail à l'atelier de tissage, tu devras encore faire la cuisine. (12)
7. La nouvelle bicyclette de Marina a un deuxième rétroviseur et un compteur kilométrique sur le guidon. (15)
8. Quand j'irai voir un spectacle à Genève, je mettrai mes nouveaux habits. (11)
9. Je veux offrir à Jacques un livre pour son anniversaire, mais je ne sais pas lequel. (15)

10. Lorsque je suis arrivé aujourd'hui à la gare, mon train était déjà parti. (12)
11. Si le temps reste comme il est, nous pourrons aller nager plus tard. (13)
12. Margot est allé lundi chez le coiffeur, elle s'est fait laver et sécher les cheveux. (15)

16-20 mots :
1. Dimanche, il y aura au souper du birchermüsli avec des flocons d'avoine, du yogourt et des fruits. (16)
2. La gare va être transformée. Les travaux de rénovation devraient être terminés vers la fin de l'année. (17)
3. Le lierre du fumoir s'est asséché parce que le service de nettoyage a de nouveau oublié d'arroser les plantes. (18)
4. Comme le guichet de la poste ferme à dix-huit heures, tu dois te dépêcher pour pouvoir retirer ton paquet encore aujourd'hui. (20)
5. Les gymnases ont mis en vigueur le premier juillet de cette année de nouvelles réglementations pour le baccalauréat. (16)
6. En une semaine, le niveau du lac de Constance a augmenté de quarante centimètres. A Ermatigen, une passerelle de secours a été construite. (20)
7. La prochaine fois que je passerai la frontière, je tâcherai de ne pas oublier mon passeport comme la dernière fois. (20)
8. Anna, ma collègue de travail à l'atelier de tissage, m'a invité à un café que nous voulons boire au restaurant Guillaume Tell. (20)

Tonalité affective

5-10 mots :
1. Merde alors, arrête donc enfin de me critiquer ! (8)
2. C'est génial que tu aies aujourd'hui du temps pour moi ! (10)
3. Maintenant fous le camp ! Je ne peux plus te voir. (10)
4. Merci beaucoup de m'avoir aidé pour la cuisine. (8)
5. Demain, je commence dans un nouvel atelier d'occupation. (8)
6. Mon père a été hospitalisé pour une appendicite. (7)
7. Mon ergothérapeute était très content de moi aujourd'hui. (8)
8. Sois gentil veux-tu ? Laisse-moi en paix ! (8)
9. Avec cette neige, j'espère qu'il n'arrive rien à ma sœur. (9)
10. C'est dégoûtant, c'est toujours de ma faute ! (7)
11. Je me réjouis beaucoup de te voir demain ! (8)

11-15 mots :
1. Ta mère a appelé hier et te fait dire qu'elle ne peut pas venir. (13)
2. Je n'ai vraiment pas envie maintenant de faire une nouvelle fois la vaisselle. (13)
3. Tu viens ce soir ou pas ? Nous pourrions ainsi faire ensemble une promenade. (13)
4. Pourquoi donc dois-tu toujours me corriger ? Je sais moi-même ce que j'ai à faire. (14)
5. Je suis très très content de pouvoir aller au cirque avec toi. (12)
6. Je ne peux pas bien me concentrer aujourd'hui car j'ai mal dormi la nuit passée. (15)
7. Pourquoi à la fin ne peux-tu pas être une fois à l'heure ? Je dois chaque fois attendre. (15)
8. C'est super que tu passes. Ça me fait vraiment plaisir de te voir. (13)
9. Tu te rends compte, ma collègue de travail est soudain tombée gravement malade des poumons. (15)
10. Espérons qu'il fasse beau demain ! Sinon notre randonnée à vélo tombe à l'eau. (11)
11. Ne peux-tu pas m'accompagner ? J'ai peur de faire seule le trajet. (12)

16-20 mots :
1. Je suis vraiment très déçu que tu ne sois pas venu à notre rendez-vous au café de la Tour. (18)
2. Peux-tu enfin me dire ce qui se passe ? Toute la journée tu t'es montré grognon avec moi. (17)
3. Tout le temps tu me reproches d'être négligé au lieu de t'occuper de tes propres affaires. (16)
4. Ne pourrais-tu pas avoir plus d'égards ? Chaque fois que je veux dormir, tu mets la musique à plein volume. (19)
5. Je suis vraiment désolé d'avoir été si désagréable avec toi hier. J'étais simplement de mauvaise humeur. (16)
6. Il fallait qu'il pleuve précisément aujourd'hui où nous voulions faire notre excursion au bord du Rhin ! (16)

Tableau 17 — Phrases utilisables pour l'exercice de répétition littérale.

B. Introduction à l'exercice

✷ *Explications aux participants*

> Vous avez remarqué dans l'expérience précédente que l'écoute est très importante dans la communication. Nous allons à présent exercer l'écoute exacte. Voici comment cela va se dérouler. Je vous donnerai à tour de rôle une carte. Vous lirez lentement et à haute voix la phrase qui y est écrite. Il s'agira pour les autres d'écouter attentivement la phrase car il faudra ensuite la répéter. Un parmi vous répétera la phrase mot pour mot ; et le reste du groupe va contrôler si la répétition est correcte ou aidera à la corriger. Enfin on vérifiera sur la carte si la répétition était exacte. Le but de l'exercice est d'arriver à répéter de manière exacte une phrase qui a été lue.

☞ *Indications au thérapeute*

– Procéder à quelques exemples simples avec le co-thérapeute.
– Préciser que les phrases ont des longueurs différentes. En fonction des capacités du groupe, des phrases plus ou moins longues seront choisies en augmentant progressivement le degré de difficulté.
– Passer petit à petit des contenus neutres à des contenus affectivement chargés.

C. Déroulement de l'exercice

L'exercice se déroule selon le schéma suivant :

1. Donner une carte préalablement choisie à un participant.
2. Le participant lit lentement et à haute voix la phrase figurant sur la carte.

3. Désigner un participant qui répétera la phrase.
4. Le participant essaye de répéter littéralement la phrase.
5. Obtenir l'avis du reste du groupe. Eventuellement faire apporter les corrections nécessaires.
6. Le participant qui a lu la phrase vérifie l'exactitude de la répétition.

✱ *Proposition de consigne*

> (Au début de l'exercice, s'adressant à un membre du groupe)
> Voici une carte. Voulez-vous lire lentement la phrase, Monsieur B?
> (Après la lecture de la phrase)
> Tout le monde a bien compris? Faut-il relire la phrase?
> (s'adressant à un autre membre du groupe)
> Monsieur A, répétez la phrase mot pour mot s'il vous plaît.
> (Après la répétition)
> Les autres sont-ils d'accord?
> (Après l'évaluation voire la correction par le groupe)
> Madame C, voulez-vous encore une fois répéter la phrase pour qu'on soit tous d'accord.
> (Après la répétition)
> Monsieur B, était-ce bien la phrase que vous avez lue? Comparez-la avec ce qui est écrit sur votre carte.

☞ *Indications au thérapeute*

– Demander au participant qui doit lire la phrase à haute voix de l'enregistrer au préalable mentalement afin de faciliter l'élocution de la phrase devant le groupe.
– Augmenter la difficulté lorsque les participants réussissent des répétitions exactes au moins trois fois à un niveau donné.
– Faire pratiquer des corrections mutuelles entre participants.

Degré 2 : Reproduction sémantique de phrases

A. Matériel

Cet exercice nécessite des cartes de petit format distribuées aux participants. La liste totale propose 35 mots à tonalité neutre et 35 mots à tonalité affective. Pour les exercices avancés, les cartes contiennent deux mots.

Exemples

Mots neutres

1. Automobile	10. Douche	19. Savon	28. Briquet
2. Eté	11. Lotion après	20. Fleurs	29. Porte-monnaie
3. Sport	rasage	21. Vélo	30. Pierre
4. Temps	12. Portier	22. Chambre	31. Cuire + légumes
5. Chaussure	13. Poste	23. Stylo	32. Hiver + chauffage
6. Pantalon	14. Radio	24. Bâteau	33. Promenade + sac à
7. Main	15. Coiffeur	25. Lac	dos
8. Train	16. Petit déjeuner	26. Linge	34. Maison + porte
9. Restaurant	17. Journal	27. Vent	35. Banque + change
	18. Miroir		

Mots à tonalité affective

1. Se réjouir	10. Effrayer	19. Famille	28. Rire
2. Content	11. Adorer	20. Handicap	29. Réconciliation
3. Triste	12. Blâmer	21. Amour	30. Souci
4. Souffrir	13. Louer	22. Médicaments	31. Rencontre + joie
5. Enragé	14. Impressionner	23. Joie	32. Colère + mal de
6. Agressif	15. Sympathique	24. Bonheur	tête
7. Détendu	16. Agréable	25. Satisfaction	33. Travail + certificat
8. Aimer	17. S'épouvanter	26. Tendresse	34. Accident + malheur
9. Incertain	18. Espérer	27. Psychiatrie	35. Homme + jalousie

Tableau 18 — Liste des mots inducteurs pour l'exercice de répétition sémantique.

B. Introduction à l'exercice

✳ *Explications aux participants*

> Après la répétition mot à mot nous allons à présent nous entraîner (1) à créer des phrases à partir de mots donnés, (2) à répéter ces phrases selon leur sens, et non plus mot à mot. Cette fois-ci celui qui reçoit la carte formulera une ou deux phrases avec le mot qui est inscrit sur la carte. Après, les autres reprendront ce qu'il a dit. Ce qui importe ici est de respecter le sens des phrases, et non pas la répétition littérale. A part cela l'exercice se déroulera comme le précédent.

☞ *Indications au thérapeute*

– Donner des exemples de phrases à partir du mot stimulus.

C. Déroulement de l'exercice

L'exercice se déroule selon le schéma suivant :

1. Donner à un participant une carte préalablement choisie.

2. Lui demander de lire le mot stimulus figurant sur la carte.
3. L'inviter à formuler une ou deux phrases à partir du mot stimulus. La phrase devra contenir le mot stimulus.
4. Désigner un autre participant qui reproduira le propos conformément au sens.
5. Obtenir l'avis du reste du groupe. Eventuellement faire apporter les corrections nécessaires.

✴ *Proposition de consigne*

> Monsieur A, vous avez reçu le mot «chambre». Essayez de formuler une phrase avec le mot «chambre».
> (Après les propos du participant)
> Merci beaucoup. Madame C, le mot «chambre» est-il apparu dans la phrase de Monsieur A?
> (Après la réponse positive)
> Bien, maintenant quelqu'un veut-il essayer de dire en d'autres mots ce que Monsieur A a dit? Madame D, voulez-vous essayer?
> (Après la reproduction)
> La proposition de Madame D est-elle correcte? Quelqu'un est-il d'un avis contraire ou veut-il ajouter quelque chose?
> (Après le réponse du groupe)
> Monsieur A, est-ce bien en gros ce que vous avez dit?

☞ *Indications au thérapeute*

- Commencer par des mots neutres, poursuivre avec des mots à tonalité affective.
- Faire noter les phrases énoncées par un membre du groupe.
- Faire contrôler par le groupe l'exactitude sémantique de la reproduction.
- En cas d'absence du mot stimulus dans les propos, faire recommencer en précisant la nécessité de la présence du mot stimulus.
- Pour faciliter la reproduction d'après le sens, encourager les participants à formuler des phrases plus longues.
- Indiquer la transition d'un mot stimulus à deux. Les deux mots stimuli doivent apparaître dans la ou les phrases formulées.

Degré 3 : Questions-réponses sur un thème choisi

A. Matériel

Cet exercice nécessite un tableau, des petites cartes vierges et de quoi écrire.

On utilisera deux listes séparées de pronoms, conjonctions ou débuts de phrases interrogatifs comme appuis structurés en cas de besoin (v. tableau 19). Ces appuis peuvent se présenter sous des formes diverses : transparents pour rétroprojecteur, feuilles distribuées aux patients, posters affichés au mur, inscriptions sur un tableau, etc.

Degré de difficulté A		
Quoi ?	Quand ?	Pourquoi ?
Qui ?	Où ?	Comment ?
Degré de difficulté B		
Est-ce que ?	De qui?	Depuis quand ?
Avec quoi ?	De quoi ?	Par quel moyen ?
Avec qui ?	Pour qui ?	A quelle distance ?
Combien ?	Lequel/Laquelle/Lesquel(le)s ?	Avez-vous ?

Tableau 19 — Deux listes de pronoms, conjonctions ou phrases interrogatifs utilisables pendant l'exercice des questions-réponses sur thème choisi et regroupés selon leur éventuel degré de difficulté.

B. Introduction à l'exercice

✶ *Explication aux participants*

> Nous allons maintenant nous entraîner à poser des questions sur un thème et à y répondre. Ceci est important, car une des bases de la conversation c'est justement de poser des questions et d'y répondre.
> Je vous décris rapidement comment nous allons faire. D'abord nous allons nous mettre d'accord sur un thème qui vous intéresse. Ensuite vous allez dire des mots qui se rapportent à ce thème, comme vous l'aviez déjà fait dans l'exercice de «hiérarchie de concepts». Un parmi vous les notera au tableau.
> Quand on aura environ trente mots, chacun recevra quatre cartes. Il recopiera sur chaque carte un ou deux mots du tableau.
> Ensuite chacun posera une question avec le mot qu'il a écrit sur sa carte. Il pourra utiliser pour sa question les mots interrogatifs de la liste (*cf.* tableau 19). La question doit se rapporter au thème qu'on aura choisi. Enfin, quelqu'un répondra à la question.

> Nous serons tous très attentifs, car nous évaluerons si la question se rapporte au thème et si la réponse correspond bien à la question posée. Avez-vous des questions ?

☞ *Indications au thérapeute*

– Présenter sur le tableau ou un transparent de rétroprojecteur les types de questions utilisables.
– Montrer avec le co-thérapeute un exemple sur un thème ainsi que quelques cartes préparées à l'avance, inclure petit à petit les participants.

Figure 13 — Exemple de question avec un des mots de la liste obtenue par associations sur un thème donné (voyage).

C. Déroulement de l'exercice

L'exercice se déroule selon le schéma suivant :

1. Faire choisir un thème par les participants.
2. Faire chercher des mots en rapport avec le thème choisi. Un membre du groupe inscrit les mots au tableau.
3. Distribuer aux participants quatre cartes vierges.
4. Les participants écrivent sur chaque carte un ou deux mots choisis parmi ceux du tableau.
5. Un participant pose une question à partir du mot inscrit sur une carte en utilisant les conjonctions/tournures interrogatives.
6. Evaluer l'adéquation de la question par rapport au thème choisi. Au besoin faire corriger.
7. Un autre participant répond à la question posée.
8. Evaluer l'adéquation de la réponse par rapport à la question.

✱ *Proposition de consigne*

> Il s'agit maintenant de choisir un thème qui vous intéresse tous. Quelqu'un veut-il faire une proposition ?
> (Après l'une ou l'autre proposition)
> Bien, nous avons deux propositions. Qu'en pensez-vous ? Les deux propositions vous intéressent-elles ? L'une vous intéresse-t-elle plus que l'autre ? Nous pouvons aussi commencer par la première et traiter la deuxième dans la prochaine séance, sinon nous pouvons procéder par vote. Qu'en pensez-vous ?
> (Après le choix)
> Maintenant que nous avons notre thème, vous allez l'un après l'autre proposer un mot qui se rapporte au thème. On s'arrêtera quand on en aura environ trente. Un parmi vous les écrira au tableau. Qui veut le faire ? (Si personne ne s'offre, désigner quelqu'un) Madame C, voulez-vous les écrire au tableau ?
> (Après l'association verbale)
> Chacun reçoit maintenant quatre cartes. Vous allez noter sur chaque carte un mot ou deux que vous aurez choisis parmi ceux du tableau.
> (Après l'écriture des mots sur les cartes)
> Voilà. Maintenant l'exercice des questions-réponses va commencer. Monsieur A, lisez-nous le mot que vous avez écrit sur votre carte. Essayez maintenant de poser une question avec ce mot en utilisant les mots interrogatifs qui sont inscrits dans la liste. La question doit correspondre au thème qu'on a choisi.
> (Après la question)
> La question correspond-elle au thème ?
> Bien, adressez s'il vous plaît votre question à un autre membre du groupe. Choisissez quelqu'un qui répondra à votre question.
> (A la fin de l'évaluation de la réponse)
> La réponse à la question est satisfaisante. Nous pouvons continuer. Madame C, voulez-vous nous présenter votre mot et votre question ?

☞ *Indications au thérapeute*

- Faire choisir des thèmes qui intéressent tout le monde ou au moins la majorité des participants.
- Eviter les thèmes trop spécifiques ou trop complexes. Préférer les thèmes d'actualité et rencontrés par les participants dans leur vie courante.
- Hiérarchiser les thèmes en fonction de leur charge affective.
- Essayer d'obtenir l'unanimité lors du choix du thème. Eviter la prédominance d'un ou deux participants par rapport aux autres.

- En cas de difficulté à proposer des thèmes, orienter les participants par des questions sur leur vie quotidienne ou sur l'actualité. Leur demander de réfléchir sur un thème à proposer pour la prochaine séance.
- Attribuer au groupe (si nécessaire au co-thérapeute) le rôle de correcteur. Eviter les longs monologues et les digressions. Adopter un style de correction simple et clair.
- En cas d'inadéquation de la question ou de la réponse, demander au participant de rappeler le thème ou la question et d'évaluer en quoi sa question ou sa réponse n'est pas pertinente.
- S'abstenir d'utiliser des mots complexes, des termes scientifiques ou rares, des néologismes ou des mots étrangers.
- En cas de difficultés importantes utiliser un maximum d'aides visuelles structurées.
- Au fur et à mesure que les participants maîtrisent l'exercice, demander qu'ils formulent des réponses plus longues et plus élaborées à l'aide des propositions de la liste B.

Degré 4 : Questions du groupe à un de ses membres sur un thème préparé par ce dernier

A. Matériel

Cet exercice ne nécessite aucun matériel fixe, mis à part un tableau et de quoi écrire. Le matériel utilisé en séance est en principe amené et préparé préalablement par les participants eux-mêmes, si besoin avec l'aide des thérapeutes.

Le matériel apporté par les participants consiste généralement en des articles de journaux ou de revues (on pourra éventuellement garder en réserve quelques articles ou extraits). Ceux-ci ne doivent pas être trop longs pour que chacun puisse garder une vue d'ensemble et traiter le maximum d'informations possibles. On les choisit en fonction du niveau du groupe et on les classe en thèmes neutres ou affectivement chargés.

B. Introduction à l'exercice

✶ *Explication aux participants*

Dans l'exercice précédent nous avons tous ensemble préparé et discuté un thème en posant des questions et en donnant les réponses. Nous allons continuer à discuter sur des thèmes, mais cette fois-ci vous allez les préparer en dehors des séances (avec notre aide si nécessaire). Voici comment les choses vont se passer.
D'une séance à l'autre l'un de vous choisira un article qui l'intéresse : il l'aura lu dans un journal ou une revue. Vous donnerez l'article au

> thérapeute ou au co-thérapeute pour en faire une copie. (On pourra se voir une fois avant la séance pour en discuter ensemble).
> Pendant la séance, celui qui aura lu l'article donnera seulement le titre de l'article. Le groupe cherchera à obtenir le plus d'informations possibles sur cet article en posant des questions. Le lecteur de l'article répondra aux questions que les autres vont lui poser. Moi-même ou le co-thérapeute, nous serons avec celui qui a lu l'article pour l'aider au cas où il oublierait certains détails.
> Aujourd'hui, pour vous montrer comment cela se passe, nous avons apporté un article. Vous allez nous poser des questions pour savoir ce qu'il dit. Voici le titre...

☞ *Indications au thérapeute*

- Faire asseoir les participants en demi-cercle autour des personnes qui auront préparé le thème.
- Décider à la fin de la séance qui choisira un article et organiser si nécessaire les rendez-vous de préparation, ou annoncer le thème de la prochaine séance s'il a déjà été choisi.
- En cas de difficultés à trouver un thème, proposer de choisir un événement de la vie quotidienne (congé de week-end, excursion, recherche de place de travail, etc.).
- Laisser au groupe la liberté du choix des sujets traités.

C. Déroulement de l'exercice

L'exercice se déroule selon le schéma suivant :

1. Un participant choisit son thème et le prépare (seul ou avec de l'aide) pour la séance suivante.
2. Il énonce le thème qu'il a préparé ou lit le titre de l'article.
3. Les autres participants lui posent des questions sur le thème.
4. Le groupe ou le thérapeute évalue l'adéquation des questions par rapport au thème.
5. Le participant répond à la question (aidé si nécessaire par le co-thérapeute).
6. Un des membres du groupe résume de temps en temps les informations déjà obtenues.

✶ *Proposition de consigne*

> Madame C, aujourd'hui vous nous avez préparé un article. Pouvez-vous nous donner le titre et dire où vous l'avez lu ?

> (Après les informations de Madame C)
> Merci beaucoup. Maintenant c'est au groupe de s'informer sur les détails du sujet. Qui souhaite poser la première question ?
> (Après quelques questions-réponses)
> Parfait, nous savons à présent un certain nombre de choses sur le sujet. Monsieur D, pourriez-vous s'il vous plaît nous résumer les informations ?

☞ *Indications au thérapeute*

- Etre attentif à l'adéquation des questions et des réponses. Faire formuler des synthèses partielles.
- N'intervenir qu'en cas d'erreurs évidentes (questions mal posées, informations fausses, etc.) ou de perplexité.
- En cas de difficulté du groupe à poser des questions, reprendre la liste des questions-types utilisée dans l'exercice précédent.

Degré 5 : Communication libre

A. Matériel

Aucun matériel n'est requis pour cet exercice de discussion libre sur un thème choisi.

B. Introduction à l'exercice

✴ *Explication aux participants*

> Nous allons aujourd'hui aborder la dernière partie du sous-programme consacré à la communication verbale. Ce dernier exercice consiste en une conversation entre deux personnes ou dans un groupe. Nous allons choisir un thème et ensemble discuter sur ce thème. Chacun pourra donner son avis, poser des questions, y répondre, faire avancer la discussion. Enfin quand on aura épuisé le thème on passera à un autre sujet de discussion.
> Nous allons être attentifs à ce que les avis exprimés, les questions et les réponses se rapportent bien au thème. Nous allons aussi être attentifs au fil rouge de la discussion et à ne pas passer du coq à l'âne. Enfin, quand on n'aura plus rien à dire on essayera ensemble de voir si on peut continuer la discussion d'une manière ou d'une autre ou si on est vraiment arrivé au bout.
> Des événements de la vie quotidienne, des thèmes d'actualité, un article que vous avez lu, quelque chose que vous avez vu peuvent être à l'origine de la discussion, sans préparer le sujet à l'avance.

> **SUJETS DE DISCUSSION**
> **La vie quotidienne**
>
> Gagner à la loterie / si j'avais gagné à la loterie...
>
> Trouver du travail
>
> Aller au cinéma
>
> Participer à des activités sportives
>
> Modifier son appartement
>
> Se fouler une cheville
>
> Connaître les endroits sympathiques de la ville

Figure 14 — Exemples de sujets de discussion en réserve pour l'exercice de communication libre.

C. Déroulement de l'exercice

L'exercice se déroule selon le schéma suivant :

1. Faire choisir un thème de discussion intéressant tous les participants.
2. Laisser les participants lancer et animer la discussion (n'intervenir qu'en cas de besoin).
3. Clore le débat par une synthèse des divers aspects du thème qui ont été traités.

✱ *Proposition de consigne*

> De quel sujet voulons-nous discuter aujourd'hui ? Quelqu'un a-t-il une proposition ?
> (Après l'acceptation de la proposition)
> Bien. Lancez la discussion. Quelqu'un veut-il commencer ?
> (A la fin de l'exercice)
> Bien, vous avez maintenant discuté sur ce sujet. Avant de terminer je souhaite que quelqu'un résume les points importants. Monsieur B, voulez-vous essayer ?

☞ *Indications au thérapeute*

- Suivre et évaluer le processus de communication.
- Observer l'écoute et la prise en considération de l'avis d'autrui.
- Tenir compte de la cohérence du discours.
- Intervenir lors de digressions trop importantes : inviter le participant et les autres à réfléchir sur la digression par rapport à la suite « logique » du débat.

- Aider si nécessaire à la structuration du thème et donner des incitations pour le traiter.
- Faire pratiquer régulièrement des synthèses partielles qui permettent de reformuler les opinions émises et de résumer l'état du débat, voire même de le relancer.
- Eviter de s'intégrer au débat en amenant des opinions ou idées personnelles.

Sous-programme 4
Compétences sociales

1. INTÉRÊT THÉORIQUE ET JUSTIFICATION DU SOUS-PROGRAMME

Les compétences sociales constituent un ensemble complexe de multiples habiletés liées à des situations sociales. La définition théorique du concept de compétence sociale reste toutefois moins satisfaisante pour le clinicien que son opérationnalisation pratique. Celle-ci se présente habituellement sous forme de répertoires plus ou moins étendus d'habiletés qui orientent le thérapeute dans l'élaboration du matériel thérapeutique. D'une manière générale, la notion de compétences sociales s'associe à l'idée d'un équilibre dans le bilan des échanges sociaux d'une personne entre ses désirs, ses droits et les exigences du milieu.

D'importants troubles du comportement social se manifestent souvent au décours de la schizophrénie (Kelly & Lamparksi, 1985). Ils peuvent apparaître, soit progressivement, soit de manière brutale, et constituent pour le patient une dégradation de son fonctionnement social, professionnel et personnel. Les capacités d'écouter, de comprendre, d'identifier les émotions, de coordonner les aspects verbaux et non verbaux de la communication, sont altérées. Le patient est ainsi handicapé dans un grand nombre de domaines sociaux de la vie quotidienne : il peut par exemple lui être difficile de contacter quelqu'un, d'entamer une conversation, de faire face à la critique, de féliciter quelqu'un, de demander des renseignements précis, de postuler pour un emploi, etc. Ce sont ces déficits et ces situations qui deviennent l'objet du contenu thérapeutique d'un entraînement aux compétences sociales.

Les déficits sociaux apparaissent chez les patients à des degrés divers. De nombreux patients présentent certaines atteintes dans leur fonctionnement social déjà avant l'épisode aigu (Schulsinger, 1976). Un pauvre fonctionnement social prémorbide a d'ailleurs été considéré comme un critère pronostique défavorable (Gittelman-Klein & Gittelman, 1969; Strauss & Carpenter, 1972, 1974; May & Goldberg, 1978). Actuellement, la compréhension de l'apparition d'un épisode psychotique aigu, ou de la formation d'un syndrome «déficitaire» dans le cadre d'une évolution chronique, passe par la prise en considération de l'influence de la vulnérabilité interne, spécifique à la schizophrénie, et des variables psychosociales externes constituant l'environnement du patient (Ciompi, 1984).

Pour chercher à comprendre l'effet de la vulnérabilité, plusieurs hypothèses ont été formulées sur la base des résultats obtenus en recherche expérimentale. Elles ont pu préciser l'influence des troubles du traitement de l'information et du système d'activation autonome sur l'histoire des apprentissages individuels et sur l'utilisation des expériences antérieures (Ruckstuhl, 1981; Hartwich, 1983; Huber, 1983). Plusieurs études mettent en évidence une altération des capacités à traiter et à interpréter adéquatement les comportements et expressions émotionnels (Feinberg *et al.*, 1986; Berndl, Grüsser, Martin & Remschmidt, 1986), une capacité réduite ou instable du système de traitement de l'information ne permettant pas de comprendre le contexte social, ni de le maîtriser (Lang & Buss, 1965; Rey, 1978). L'accès dans la mémoire à long terme aux modes d'actions utilisables dans une situation donnée est rendu difficile par le nivellement des hiérarchies de réponses et la disponibilité trop brève de plans pré-structurés (mental sets) (Shakow, 1962; Shakow & McCormick, 1965; Broen, 1968; Poljakov, 1973; Brenner, 1979). Le handicap du patient se situerait donc au niveau de l'actualisation et de l'utilisation des acquis basés sur l'expérience sociale vécue.

Ces hypothèses de travail cherchent à expliquer jusqu'à quel point les troubles du traitement de l'information et de la réactivité autonome peuvent aussi bien interférer avec la production d'une représentation cognitive des compétences sociales (apprentissage) qu'avec leur actualisation et leur mise en œuvre. L'intervention doit ainsi tenir compte de l'influence des facteurs internes, tout en se focalisant sur l'apprentissage des comportements sociaux à acquérir.

2. APERÇU GLOBAL DU SOUS-PROGRAMME

Ce programme, adapté aux possibilités et besoins du patient schizophrène, se fonde sur les procédés classiques du jeu de rôle, de l'entraînement à l'affirmation de soi et leurs techniques cognitivo-comportementales (instructions, modelage, exercices et répétitions comportementales, quittances et renforcements).

Le but final est le développement ou la réactivation d'un répertoire adéquat de compétences sociales. Le contenu thérapeutique concerne les situations sociales du patient, comme la vie à l'hôpital, la recherche d'un appartement et d'un emploi, les contacts administratifs, l'intégration dans un appartement communautaire et au travail, l'organisation des loisirs, etc. Les changements à obtenir visent une amélioration dans la durée et la généralisation des effets thérapeutiques en prenant en considération le handicap du patient schizophrène par une élaboration cognitive et une préparation particulière du contenu des scénarios. Le procédé thérapeutique consiste pour chaque compétence en deux étapes principales : 1) la préparation cognitive, 2) la mise en pratique (v. tableau 20).

Etape 1

La préparation cognitive débute (après l'examen des tâches à domicile) par une présentation précise et concrète de la situation à entraîner. L'objectif est de clarifier l'interaction problématique et le défi représenté par l'exercice. Ceci permet de motiver le groupe à participer et à parvenir à une définition commune du but à atteindre. La formulation par écrit d'un dialogue facilite la réalisation de cet objectif. Les patients donnent un titre à ce dialogue, ce qui leur permet de résumer l'essentiel de la situation.

Les difficultés concrètes potentielles sont verbalement anticipées pour réduire les appréhensions face au jeu de rôle ; puis des fonctions d'observation sont réparties entre les participants afin de les engager activement. Ces observations sont focalisées sur trois aspects de la performance au maximum. Enfin, au moyen d'une échelle à cinq points, une évaluation individuelle des difficultés rencontrées dans les situations travaillées permet de relever le degré du malaise individuel des participants face à la situation.

Etape 2

La mise en pratique des compétences comprend plusieurs phases. Dans la première, les participants observent un modèle illustrant l'interaction discutée. Celui-ci est généralement interprété d'une manière pas trop parfaite par les thérapeutes. Dans la discussion qui suit, les divers aspects verbaux et non verbaux de la performance sont mis en évidence et on demande aux participants de se positionner par rapport à celle-ci.

Par la suite, ce sont les participants eux-mêmes qui pratiquent le jeu de rôle, en commençant par ceux qui éprouvent le moins de difficultés dans la tâche en question. A nouveau, dans les discussions qui suivent, la mise en pratique est évaluée sous plusieurs aspects. Pour justifier les répétitions successives, il est important de souligner qu'il s'agit d'un entraînement. L'enregistrement vidéo peut être utilisé si le groupe est avancé et donne son accord. L'intervention du thérapeute à travers des techniques auxiliaires (prompting, coaching) est possible.

La dernière phase ne se déroule qu'en partie dans la séance. Il s'agit maintenant d'essayer de transférer les acquis en séance dans la réalité quotidienne des participants. Voilà pourquoi les thérapeutes cherchent en fin de séance à assigner aux membres du groupe des tâches qui les invitent à utiliser leurs compétences dans leur univers social habituel. Les participants réalisent entre les séances les tâches assignées ; celles-ci sont reprises et discutées au début de la séance suivante, assurant de la sorte une continuité dans le travail thérapeutique.

I. Préparation cognitive	*II. Mise en pratique*
– Présentation de la situation problématique	– Démonstration par modèle
– Définition de l'objectif	– Discussion de la démonstration
– Préparation du dialogue	– Jeu de rôle
– Proposition d'un titre à la situation	– Discussion du jeu de rôle
– Anticipation des difficultés	– Assignation de tâches à domicile
– Répartition des fonctions d'observation	
– Evaluation de la difficulté	

Tableau 20 — Les deux étapes de l'entraînement aux compétences sociales.

3. MATÉRIEL

Le matériel comporte des cartes où sont inscrites des situations, qui pourront être jouées par les participants et sur lesquelles ils pourront travailler. Ces cartes servent de support éventuel en cas de difficulté des participants à proposer des situations problématiques qui mériteraient un entraînement. Un système d'enregistrement vidéo peut être utilisé (voir ci-dessus).

Dans le tableau 21 figurent un certain nombre de situations sociales classées en trois groupes : (1) des situations dites à faible risque, (2) des situations à risque plus élevé, (3) des situations complexes. Le premier regroupe des scénarios qui aboutissent généralement à une issue positive : la réaction du partenaire est plutôt prévisible et positive ; l'implication émotionnelle n'est en principe pas très importante. Les situations à risque plus élevé du deuxième groupe n'aboutissent pas aussi facilement au but souhaité, la réaction du partenaire de l'interaction est moins prévisible ou positive que dans les situations à faible risque. Le troisième groupe se compose de situations complexes, souvent difficiles à anticiper et dont le degré de difficulté n'est guère précisable.

Ce matériel ne correspond pas à une structure standard, mais représente plutôt une suggestion au cas où les participants n'apportent aucune situation à travailler.

Afin de faciliter le travail, le thérapeute peut élaborer sous forme de dialogue une séquence complète d'interaction plus ou moins brève. Pour rendre l'exercice plus difficile, il ne fera seulement qu'une allusion à l'objectif de l'interaction sans véritablement l'expliciter. Les participants auront alors à formuler eux-mêmes le but envisagé.

Exemples

Situations à faible risque

1. Remercier

1.1. Un ami a recousu deux boutons qui s'étaient détachés de votre chemise. Il vous rapporte maintenant votre habit.
Vous le remerciez et vous lui dites que vous êtes prêt(e) à lui rendre volontiers un service la prochaine fois qu'il en aura besoin.

1.2. Aujourd'hui, pendant que vous laviez la vaisselle, quelqu'un est venu spontanément vous aider. Bien que vous ne lui aviez rien demandé, il a essuyé pour vous toutes les assiettes et tous les verres. Il vous a ainsi épargné du travail et fait gagner du temps.
Vous venez de terminer vos nettoyages et vous voulez le remercier pour ce qu'il a fait et lui dire aussi que ça vous a fait plaisir.

1.3. A l'atelier de travail un autre patient vous a conseillé de regarder ce soir un film passionnant qui va passer à la télévision.
Vous le remerciez pour son conseil.

1.4. Vous recevez pour votre anniversaire un très joli livre.
Vous remerciez la personne qui vous en a fait cadeau.

1.5. Vous arrivez en retard chez vous. Vous avez mauvaise conscience car vous pensez que vos co-locataires vous ont attendu(e) pour le repas. Une fois arrivé(e) vous remarquez qu'ils sont en train de finir leur repas mais qu'ils ont gardé votre portion au chaud. Vous les remerciez d'avoir gardé votre repas au chaud.

1.6. Une vieille connaissance vous a rendu visite. Vous êtes sortis ensemble pour faire une promenade et vous avez beaucoup parlé. A la fin de la promenade, cet ami vous a invité à prendre un café. Au moment de dire au revoir vous le remerciez de sa visite et de son invitation.

2. Complimenter, féliciter, exprimer sa reconnaissance

2.1. Vous venez de manger un succulent repas préparé par un autre patient.
Vous lui dites combien vous avez apprécié le menu.

2.2. Un autre patient est en train de suspendre un tableau qu'il vient de peindre.
Comme il vous plaît, vous voulez le lui dire et vous vous adressez à lui.

2.3. Un participant de l'atelier de poterie vient de terminer un vase à fleurs. Vous appréciez son travail.
Vous vous adressez à lui pour lui communiquer que vous aimez bien le vase qu'il a réalisé.

2.4. Le co-locataire de votre appartement a nettoyé le salon. Tout est parfaitement propre et rangé. Vous vous y sentez maintenant très à l'aise.
Vous décidez de dire à votre co-locataire qu'il a fait là un travail impeccable.

2.5. Une co-locataire vient de s'acheter une nouvelle robe. Vous trouvez qu'elle est ravissante dans cette robe.
Vous décidez de le lui dire et vous vous adressez à elle.

2.6. Votre collègue vous a aidé à terminer votre travail. Grâce à son aide vous avez gagné une heure de loisir. Vous pensez qu'il a fait vraiment du bon travail.
Vous voulez lui dire qu'il a bien travaillé et que vous lui êtes très reconnaissant pour son aide.

3. S'informer

3.1. Vous ne savez plus à quand est fixé votre prochain rendez-vous chez votre médecin traitant.
Vous téléphonez au secrétariat du cabinet pour que l'on vous redonne l'heure et la date exactes.

3.2. Vous voulez absolument parler avec votre psychologue. Vous avez cependant oublié son numéro de téléphone. Vous décidez de demander le renseignement au bureau.
Quand on vous ouvre la porte on vous demande ce que vous désirez.

3.3. Aux alentours de l'hôpital se trouve un minigolf. Vous avez envie d'y aller faire une partie, mais vous ne savez pas où il faut se rendre pour avoir les cannes et les balles.
Vous arrêtez quelqu'un sur le chemin pour lui demander ces renseignements.

3.4. C'est la première fois que vous vous rendez à cette cafétéria. Vous ne savez pas s'il s'agit d'un self-service ou si quelqu'un vient vous servir.
Vous le demandez à un autre patient.

3.5. Vous avez envie d'aller au cinéma ce soir, mais vous n'êtes pas au courant des films qui passent en ce moment.
Vous téléphonez à un cinéma de votre choix et vous demandez le programme et les horaires.

3.6. Vous allez dans une bijouterie avec l'intention d'acheter un réveil-matin. Vous demandez à la vendeuse de vous montrer quelques modèles simples et avantageux. La vendeuse vous présente plusieurs modèles. Puisque vous n'êtes pas encore vraiment décidé(e) vous remerciez la vendeuse et vous vous en allez.

4. Refuser

4.1. Un patient qui n'a jamais ses propres cigarettes sur lui vous en demande une pour la ixième fois cette journée.
Etant donné que vous avez très peu d'argent de poche vous la lui refusez aimablement mais fermement.

4.2. Vous êtes interpelé(e) par un patient qui aimerait bien que vous fassiez la vaisselle à sa place. Ce patient a l'habitude de se faire remplacer. Vous lui avez déjà plusieurs fois rendu un service de ce genre et vous estimez que cela suffit.
Vous lui refusez clairement le service qu'il vous demande.

4.3. Un patient d'une autre division que vous ne connaissez que de vue vous questionne de manière indiscrète sur les détails de votre maladie (vie privée). Vous ne désirez pas lui en parler.
Vous lui expliquez que vous ne voulez pas entrer en discussion sur ce sujet avec lui et vous changez de conversation.

4.4. A la suite d'une erreur on vous oblige à faire le nettoyage de la salle de séjour, ce qui n'était pas prévu dans votre programme.
Comme ce n'est pas votre tour de nettoyage, vous refusez d'accomplir cette tâche et vous expliquez les raisons de votre refus.

4.5. Un représentant en journeaux vient chez vous un soir. Il veut vous vendre l'abonnement à une revue assez chère. L'offre ne vous intéresse pas.
Vous refusez poliment mais fermement sa proposition et vous le congédiez.

4.6. Vous avez eu aujourd'hui une journée de travail bien remplie. Vous êtes fatigué. Votre supérieur vient alors vous demander pour la troisième fois de ce mois si vous pouvez rester plus longtemps.
Puisque vous voulez rentrer chez vous, vous refusez poliment mais fermement.

Situations à risque plus élevé

1. Critiquer, réclamer, s'affirmer

1.1. Vous êtes dans le même local avec un autre patient qui a mis la musique très fort. Vous vous sentez dérangé(e) et lui demandez de mettre moins fort sa radio. L'autre patient veut connaître la raison de votre demande. Vous la lui expliquez et il baisse le volume de sa radio.

1.2. Vous devez faire la vaisselle avec un autre patient. Celui-ci ne vient pas mais fume une cigarette et discute avec un autre patient. Comme vous souhaitez finir rapidement votre travail, vous vous fâchez contre l'insouciance de ce patient. Vous lui faites part de votre colère et le sommez de venir vous aider.

1.3. Un patient d'une autre division vous a fixé un rendez-vous. A huit heures du matin vous voulez faire une promenade ensemble. Vous êtes ponctuel(le), mais votre camarade a une demi-heure de retard. Vous le rendez attentif à son manque de ponctualité, puis vous faites ensemble la promenade.

1.4. Vous avez rapporté à un patient un paquet de cigarettes. Comme vous vous êtes trompé(e) de marque de cigarettes, ce patient vous critique de manière blessante.
Vous le remettez à sa place en lui disant qu'il n'a pas à se fâcher de cette manière pour une petite erreur. En outre vous ne vous laissez pas offenser par lui. Vous le quittez.

1.5. Vous êtes à la caisse d'un supermarché. Vous vous apercevez que la caissière s'est trompée dans son compte. Vous avez reçu un franc en moins et le dites à la caissière. Elle réexamine le montant et vous rend le franc qui manque.

1.6. Vous venez d'acheter un pullover. Arrivé(e) chez vous, vous vous rendez compte que votre pullover a un petit trou. Vous retournez immédiatement au magasin. Vous demandez qu'on vous change le pullover. Après que vous ayez présenté le ticket, la vendeuse vous reprend le pullover.

2. S'excuser

2.1. Un patient vous a prêté une revue sur laquelle vous avez renversé malencontreusement du café. Quelques pages sont ainsi tachées et abîmées. Vous expliquez au patient ce qui vous est arrivé et vous vous en excusez. Il accepte vos excuses.

2.2. Vous avez complètement oublié qu'aujourd'hui c'était votre tour de mettre la table avec un autre patient. Il a donc dû mettre la table tout seul. Vous lui expliquez votre oubli en vous excusant. Il réagit d'abord en se fâchant, mais après une seconde explication de votre part il accepte vos excuses.

2.3. Vous arrivez en retard à votre séance de gymnastique. En entrant dans la salle, vous interrompez le travail du groupe. Vous vous excusez de votre arrivée tardive auprès de la monitrice puis auprès du groupe. On accepte vos excuses.

2.4. Vous avez oublié de vous rendre à votre rendez-vous chez le psychologue. Vous l'appelez pour vous excuser et demander un nouveau rendez-vous. Il accepte vos excuses et vous fixe une prochaine date.

2.5. Dans un grand magasin, alors qu'il y a du monde partout, vous marchez par inadvertance sur le pied d'une cliente. Elle pousse un cri de douleur. Vous êtes navré(e) et vous le lui dites. Elle vous pardonne.

2.6. Il est près de onze heures et demie du soir. Vous êtes en train d'écouter votre disque préféré et pour mieux l'entendre vous avez augmenté le volume de la musique. Soudain on sonne. C'est votre voisin qui se plaint de ne pas pouvoir dormir à cause de la musique. Vous vous excusez gentiment et promettez de baisser aussitôt le volume.

3. Faire des demandes

3.1. Vous demandez à un copain de vous ramener une plaque de chocolat du kiosque. Il accepte.

3.2. Vous demandez aimablement à un patient de vous aider à mettre la table. Il accepte.

3.3. A l'atelier occupationnel vous êtes placé(e) près d'une machine bruyante. Elle vous dérange tellement que vous n'arrivez plus à vous concentrer sur le travail. Vous en faites part au maître d'atelier et lui demandez s'il n'est pas possible de vous changer de place. Il répond qu'il va essayer de vous trouver une autre place. Vous vous contentez provisoirement de sa réponse.

3.4. Vous allez au bureau des infirmiers de votre division pour demander un prolongement de votre temps de sortie pour aller danser. Vous négociez avec l'infirmier une heure de rentrée qui vous convient. Vous obtenez le prolongement désiré.

3.5. Vous vous faites du souci à cause des effets secondaires de vos médicaments. Vous voulez parler de vos troubles à votre médecin. Vous voulez fixer un rendez-vous par téléphone à ce propos. Votre coup de téléphone aboutit au rendez-vous demandé.

3.6. Il est 18 h. Vous êtes à un arrêt de bus. A part vous il y a un monsieur plus âgé qui attend aussi le bus. Il n'y a ni échangeur de monnaie ni kiosque à proximité. Vous n'avez pas de monnaie à part une pièce de 5 francs. Pour prendre un ticket de bus vous avez cependant besoin d'une pièce de deux francs. Vous demandez alors au monsieur s'il peut changer vos cinq francs. Il peut le faire et vous donne la monnaie souhaitée.

4. Prendre contact

4.1. Vous venez de changer de division. Vous avez envie de faire connaissance avec les nouveaux patients. Vous vous présentez et cherchez à faire connaissance avec eux en posant quelques questions. A la fin vous prenez aimablement congé.

4.2. Un nouveau patient est arrivé en division. Après le repas de midi il s'est assis sur la terrasse pour prendre un peu de soleil. Vous aimez bien aussi vous installer sur la terrasse et prenez place à côté de lui. Vous essayez d'entrer en contact avec lui et entamez une petite conversation.

4.3. Un nouvel infirmier travaille en division. Puisque vous ne le connaissez pas encore vous décidez de vous présenter. Alors qu'il passe dans le couloir vous lui adressez la parole et commencez avec lui un bref dialogue.

4.4. Vous venez d'apprendre qu'il existe un club de patients en ville. Vous allez aujourd'hui pour la première fois à une réunion de ce club. Vous rencontrez un ancien patient que vous connaissez de vue. Il est seul à une table où il boit un coca-cola. Vous l'abordez et lui posez quelques questions sur le fonctionnement du club. Il vous raconte volontiers ce que vous désirez savoir.

4.5. Vous vous rendez chaque matin en train à votre travail. A coté de vous est assis(e) un(e) homme (femme) qui a plus ou moins le même âge que vous et que vous avez souvent vu(e) lors de vos trajets. Il (elle) semble d'ailleurs vous reconnaître car il (elle) vous salue d'un geste discret de la tête. Vous en profitez pour entamer une conversation.

4.6. Vous rencontrez un nouveau voisin dans les escaliers. Vous ne l'avez jusqu'à aujourd'hui pratiquement jamais vu. De loin vous le trouvez plutôt sympathique. Vous avez donc envie de faire sa connaissance. Vous le saluez et commencez avec lui une conversation, ce qui semble lui faire plaisir.

5. Mettre en route une activité commune

5.1. Vous devez aller au laboratoire médical pour une prise de sang. C'est la première fois que vous y allez et vous ne connaissez pas bien le chemin. Votre référent ne semble pas très occupé en ce moment. Vous lui demandez de vous accompagner jusqu'au laboratoire. Vous lui expliquez les raisons de votre demande. Il accepte.

5.2. Vous êtes au salon avec d'autres patients. Après avoir terminé votre journal, vous avez envie de jouer une partie de dames. Vous invitez un des patients à jouer avec vous. Il accepte.

5.3. Après l'ergothérapie vous avez envie de faire une promenade. Vous vous adressez à un autre patient et vous lui demandez s'il désire se promener avec vous. Celui-ci hésite d'abord mais il finit par accepter.

5.4. Vous voulez voir un nouveau film au cinéma. Vous n'avez pas envie d'y aller seul et vous demandez à un autre patient s'il est d'accord de venir voir le film avec vous. Il désire en savoir un peu plus sur le film avant de prendre sa décision. Après vos explications il accepte.

5.5. Dimanche vous avez prévu de faire une excursion avec des amis en visite chez vous. Vos amis ne connaissent pas bien la région. Vous décidez alors du but de la sortie et vos amis l'acceptent.

5.6. Vous et vos colocataires avez décidé d'inviter à souper deux patients qui étaient hospitalisés avec vous et qui sont encore à la clinique. Vous allez les voir pour les inviter et fixer la date du souper. Ils acceptent avec plaisir et vous remercient de votre invitation.

Situations complexes

1. Vous êtes au café et vous voulez payer avant de partir. Soudain vous remarquez que vous avez oublié de prendre votre portemonnaie avec vous. Dans le café vous ne voyez personne que vous connaissez.
Vous appelez la serveuse qui vous connaît de vue et lui expliquez la fâcheuse situation dans laquelle vous vous trouvez.

2. Un ami à vous qui vient de tomber malade a dû se rendre à l'hôpital. Il a dû se soumettre à une opération qui s'est bien passée. Aujourd'hui vous lui rendez visite à l'hôpital. Bien qu'il se sente encore faible vous pouvez avoir une petite conversation avec lui.

3. Vous voulez habiter dans un logement communautaire. Aujourd'hui les locataires vous ont invité à un entretien. D'abord on vous demande pourquoi vous voulez vivre dans un logement communautaire. Vous posez ensuite des questions sur la vie au sein de la communauté.

4. Vous avez lu dans le journal une annonce pour un appartement. Cet appartement vous intéresse. Vous téléphonez au numéro indiqué dans l'annonce pour obtenir des informations détaillées sur le logement.

5. Suite à une annonce pour un emploi parue dans le journal vous vous informez par téléphone sur le poste en question.

6. Vous êtes à l'office de travail et cherchez une place. La personne qui vous reçoit commence à vous poser des questions sur vos activités antérieures.

Tableau 21 — Propositions de scénarios pour les jeux de rôle.

4. INTRODUCTION AU SOUS-PROGRAMME

Dans ce sous-programme on travaille davantage en petits groupes (quatre à cinq patients), deux à trois fois par semaine. Les séances peuvent durer d'une heure à une heure et demie, entrecoupées d'une ou de plusieurs pauses régulières. On veillera à une augmentation prudente de l'implication émotionnelle induite par le contenu des situations à exercer. Le thérapeute donne une définition claire et simple du terme compétence sociale et explique l'ensemble des règles de fonctionnement.

✶ *Proposition d'explications*

Le sous-programme que nous entamons est consacré à l'entraînement des compétences sociales. Avoir des compétences sociales c'est avoir les habiletés nécessaires pour faciliter la vie en société. C'est savoir mieux écouter et comprendre les autres, mieux se faire écouter, mieux exprimer ses besoins et désirs.
La vie est remplie de situations où il faut refuser, dire non, faire des compliments, remercier, demander des renseignements, critiquer, etc. Ces situations peuvent être parfois difficiles à gérer et à surmonter. C'est à ce genre de situations que nous allons nous entraîner ici au

moyen de jeux de rôles.
Jeu de rôle veut dire que nous allons jouer les situations qui sont parfois difficiles pour l'un ou l'autre d'entre vous. C'est un moyen d'apprendre des manières différentes de se comporter ou d'affronter des situations que nous craignons.
Avant de jouer ces situations, nous allons les discuter en détail pour que vous soyez bien préparés.
Le pas suivant sera de transposer dans votre réalité à vous ce que vous aurez appris et exercé ici. C'est pourquoi je vous inviterai à faire en dehors des séances ce que nous avons exercé ici. C'est à ce moment-là que l'entraînement prouvera toute son efficacité.
Si vous connaissez des situations sociales difficiles dans votre vie quotidienne, je vous prie d'en parler ici pour que nous puissions en discuter, les jouer et trouver des solutions satisfaisantes aux problèmes qu'elles vous posent.

☞ *Indications au thérapeute*

- Spécifier les nouvelles règles et les horaires du groupe si nécessaire.
- Ne pas trop insister sur l'aspect théorique des compétences sociales. Illustrer plutôt par des exemples concrets.
- Inviter les patients à exprimer leurs expériences personnelles en rapport avec certaines compétences sociales spécifiques afin d'obtenir le matériel de travail pour le jeu de rôle et de motiver la participation active.
- Une fois l'introduction générale achevée, débuter chaque séance par une revue des tâches accomplies entre les séances. En cas de non réalisation de la tâche, discuter des obstacles qui ont empêché le patient de suivre la consigne. Insister sur l'utilité de cet effort supplémentaire. Chercher à remédier dans l'avenir en assurant un cadre propice à l'accomplissement de la tâche.
- Illustrer l'apprentissage par jeu de rôle et modelage en effectuant soi-même un exercice et en donnant des comparaisons avec les milieux des affaires, de la politique, etc. Utiliser la vidéo si vous en disposez (spécifier alors le mode de fonctionnement, demander l'accord et discuter des éventuelles réticences ; encourager la participation sans aucune contrainte en expliquant les raisons de l'usage de la vidéo ; faire signer s'il y a lieu les autorisations de filmer ; garantir l'effacement des enregistrements après usage). Répartir des rôles d'observateurs pour familiariser les participants avec l'observation spécifique de certains détails comportementaux.

5. DÉROULEMENT DU SOUS-PROGRAMME

Phase 1 : structuration cognitive

La structuration cognitive du jeu de rôle se déroule selon le schéma suivant :
1. Présenter la situation problématique.
2. Définir avec les participants le but à atteindre.
3. Elaborer avec les participants un dialogue adapté à la situation.
4. Assigner un titre.
5. Anticiper les difficultés possibles.
6. Répartir les fonctions d'observation.
7. Evaluer la difficulté du jeu de rôle.

1-4. Présenter la situation, définir le but, élaborer un dialogue, assigner un titre

✳ *Proposition de consigne*

> Voulez-vous s'il vous plaît, Monsieur X., nous lire sur cette carte la situation sur laquelle nous allons travailler aujourd'hui.
> (après la lecture)
> Merci bien. Pouvez-vous maintenant répéter de quelle situation il s'agit.
> (après la description de tous les éléments importants)
> Bien. Monsieur Y, voulez-vous nous résumer les points importants de la situation.

✳ *Exemple d'animation*

> (Après la définition de la situation)
> Thérapeute : «Qui se trouve dans la situation?»
> Monsieur A : «Un patient qui a peint un tableau et un de nous.»
> Thérapeute : «Bien. Que fait le peintre et que fait l'autre personne?»
> Madame B. : «Il accroche le tableau au mur et l'autre le regarde faire.»
> Thérapeute : «Exact. Maintenant imaginez-vous que vous regardez le tableau et qu'il vous plaît bien. Que faites-vous?»
> Monsieur A : «Je lui dis que son tableau est bien fait.»
> Thérapeute : «Très bonne idée. Comment peut-on appeler ce que vous avez fait?»
> Madame C : «un compliment?»

> Thérapeute : « Oui, c'est juste : on lui fait un compliment. Madame C, quel compliment pourriez-vous lui faire ? »
> (Après la définition du but)
> Thérapeute : « Le but de la situation est clair. Comment pourrait-on engager la conversation avec le peintre ? Monsieur D, avez-vous une idée ? »

☞ *Indications au thérapeute*

- Utiliser une situation amenée par les participants ou proposer une situation inscrite sur une carte si les participants n'apportent rien. L'écrire éventuellement au tableau.
- Faire résumer la situation par les participants pour s'assurer de leur compréhension. Demander aux participants d'énoncer les points importants de la situation.
- Eviter de se perdre dans des détails inutiles ou des conjectures lors de la description de la situation.
- Apporter quelques objets utilisables au cours de la scène (p. ex. tasses, verres, poster, journal, etc.).
- Faire concrétiser le but de l'interaction. Pour les groupes plus avancés où le but de l'interaction n'est pas explicité, veiller à sa définition par les participants.
- Travailler sur les conséquences éventuelles du but choisi.
- Se limiter au maximum à deux buts/dialogues en parallèle. Faire élaborer de préférence chaque but/dialogue séparément.
- Faire inscrire au tableau par un participant le dialogue élaboré en groupe.
- Faire choisir un titre au dialogue.

5-7. Discuter des difficultés anticipées, répartir les fonctions d'observation, évaluer la difficulté du jeu de rôle

✳ *Exemple d'animation*

> Dites-moi maintenant s'il y a quelque chose que vous craignez de faire dans ce jeu de rôle ? Monsieur A, redoutez-vous quelque chose dans ce jeu de rôle ?
> (Après s'être adressé aux autres participants)
> Si je résume ce que vous avez dit, vous avez surtout peur d'oublier votre texte en cours de route, de vous tromper, de commencer à parler, d'adresser la parole au peintre, de rire brusquement. Est-ce bien cela ?
> (les participants confirment)
> Alors on va voir cela. Je vous propose que pour chaque jeu de rôle les

> personnes qui ne jouent pas vont observer attentivement un élément précis. On va inscrire au tableau les choses à observer. Par exemple, on va observer le ton, le volume de la voix et le regard.

☞ *Indications au thérapeute*

- Ne pas focaliser l'attention sur des éléments incontrôlables par le participant qui joue (p. ex. rougissements, tremblements). Ces éléments pourront être discutés, mais ne font pas partie des points à observer.
- Traduire les difficultés énoncées par les participants en comportements ou indices facilement observables.
- Faire inscrire au tableau les critères d'observation pour les jeux de rôle.
- Faire noter les évaluations subjectives du degré de difficulté de la situation à jouer sur une échelle comprenant 5 degrés.

Phase 2 : mise en pratique

La mise en pratique passe essentiellement par la réalisation des jeux de rôles selon le schéma suivant :

1. Préparer la scène et faire une démonstration à travers un jeu de rôle réalisé par les thérapeutes.
2. Discuter sur la démonstration.
3. Désigner les participants pour leur jeu de rôle et procéder à sa réalisation.
4. Discuter sur l'exécution du jeu de rôle.
5. Assigner en fin de séance les tâches à domicile pour chacun.

1-2. Préparer la scène, réaliser une démonstration et en discuter

☞ *Indications au thérapeute*

- Si possible faire monter le décor par les participants eux-mêmes.
- Désigner les observateurs et les critères d'observation pour le jeu de rôle de démonstration.
- Ne pas adopter des comportements trop parfaits dans la démonstration.
- Evaluer la démonstration en fonction des critères d'observation.
- A la fin de la discussion, synthétiser les informations en se concentrant sur les points positifs et en donnant une ou deux suggestions s'il y a lieu.

3-5. Désigner les participants pour le jeu de rôle, procéder à sa réalisation, discuter de l'exécution du jeu de rôle, assigner enfin de séance les tâches à domicile

✳ *Exemple d'animation*

> (Après le jeu de rôle)
> Thérapeute : «Merci beaucoup Monsieur A. Nous allons maintenant commencer notre ronde de discussion. Monsieur A, comment était-ce pour vous?»
> Monsieur A : «Je crois que ça s'est bien passé.»
> Thérapeute : «Etait-ce difficile?»
> Monsieur A : «Ça va, plus facile que je ne le croyais.»
> Thérapeute : «C'était donc moins difficile que vous ne l'aviez pensé avant. Adressons-nous aux autres. Monsieur B, qu'avez-vous observé?»
> Monsieur B : «Je trouve qu'il a parlé avec une vitesse normale. On pouvait bien le comprendre. Je trouve bien ce que vous avez fait.»
> Thérapeute : «Mhm, mhm (approbatif). Madame C, qu'avez-vous observé?»
> Madame C : «Le volume de la voix.»
> Le thérapeute : «Comment vous a semblé le volume de sa voix?»
> Madame C : «C'était assez fort.»
> Thérapeute : «Bien, qu'avez-vous remarqué, Madame D?»
> Monsieur E : «Je l'aurais dit de manière plus amicale encore. On entendait bien mais ça aurait pu sonner plus sympathique.»
> Thérapeute : «Concrètement, comment il aurait pu le faire?»
> Madame D : «Je ne sais pas. Peut-être il aurait dû sourire plus en le disant.»
> Thérapeute : «C'est une bonne idée. Madame D, vous feriez donc à Monsieur A la suggestion de sourire davantage quand il fait le compliment?»
> Madame D : «Oui, c'est cela»

☞ *Indications au thérapeute*

– Donner la parole d'abord à l'acteur. Travailler éventuellement à cette occasion sur le rapport entre ses anticipations et la réalité de sa performance.
– Dans la discussion des observateurs, susciter en premier lieu les points positifs retenus. Remettre à plus tard les critiques.

- Faire reformuler les critiques en suggestions concrètes de comportements alternatifs possibles. Chercher à obtenir des critiques constructives qui se réfèrent au comportement et non à la personne.
- Synthétiser les retours du groupe en formulant les éléments positifs et les suggestions comportementales.
- Faire réévaluer le degré de difficulté sur l'échelle à 5 points et le faire comparer avec l'évaluation initiale.
- Proposer le cas échéant la vision de la vidéo à la fin de la discussion, mais seulement avec le consentement des participants.
- Assigner et prendre note des tâches à domicile de chacun pour pouvoir en discuter lors de la séance suivante.
- Evaluer et discuter des obstacles à la réalisation de la tâche. Chercher des solutions avec le participant.
- Commencer la séance suivante par la revue des tâches à domicile. Insister sur l'importance d'accomplir les tâches à domicile et renforcer les performances.

Sous-programme 5
Gestion des émotions

1. INTÉRÊT THÉORIQUE ET JUSTIFICATION DU SOUS-PROGRAMME

L'expérience thérapeutique pratique et les résultats empiriques montrent que les émotions peuvent avoir chez les patients schizophrènes un effet inhibiteur, notamment dans les progrès cognitifs obtenus avec l'IPT (Brenner, Böker, Hodel & Wyss, 1989; Brenner & Hodel, 1990; Hodel et al., 1990; Brenner et al., 1992). Les émotions semblent intensifier les influences réciproques entre dysfonctions cognitives et déficits sociaux, pouvant aboutir à une décompensation en situation de stress (Brenner, 1989; Brenner et al., 1992).

Les émotions ont une fonction adaptative importante pour la survie de l'individu (Plutchik, 1980). Selon Greenberg & Safran (1987) et Safran & Greenberg (1991), elles représenteraient une forme d'intégration de différents processus de traitement de l'information. Lazarus (1991) décrit un ensemble d'interactions entre émotions, cognitions et comportements. Les émotions semblent étroitement liées aux stimuli du milieu, aux contextes culturels et sociaux, ainsi qu'à l'activité cognitive et physiologique. La gestion des émotions peut donc être obtenue par diverses voies impliquant la pensée, le comportement ou le milieu.

Janzarik (1959, 1983) fut l'un des premiers à s'occuper du rôle des émotions dans la schizophrénie : il formula dans ce contexte le concept de « réduction du potentiel énergétique ». Ciompi (1982), se référant en particulier aux théories de Kernberg (1981) et Piaget (1976), postule un lien indissoluble entre affectivité et pensée (construit de la « logique affective »). Il considère les déficits cognitifs manifestes dans la schizophrénie comme étant une conséquence des altérations au niveau des structures hiérarchiques des systèmes affectivo-cognitifs. Brenner présente quant à lui un modèle qui reflète les interactions entre processus neuronaux, cognitifs et émotionnels responsables du contrôle du comportement. Il postule que les patients schizophrènes présentent des conduites rigides, rattachées à une hyperactivation psychophysiologique d'un côté, et à des mécanismes de protection face aux stimuli extérieurs de l'autre. De telles conduites se voient renforcées par des expectatives de réussite négatives, basées principalement sur des données biographiques. Il en résulte une inflexibilité au niveau du traitement de l'information, par laquelle la gestion adéquate de la réalité externe se perd de plus en plus et le rapport avec le monde extérieur peut devenir fragmentaire et aléatoire.

Un certain nombre d'études empiriques ont par ailleurs décelé chez les patients schizophrènes des troubles spécifiques du traitement des émotions. La perception des émotions peut être chez certains patients ralentie ou déficitaire (Braff & Sacuzzo, 1981 ; Russell & Fehr, 1987 ; Mandal & Gewali, 1989). Ces déficits ne concerneraient que la perception des émotions et non celle des visages (Novic, Luchins & Perline, 1984 ; Gessler, Cutting, Frith & Weinmann, 1989 ; Mandal & Palchoudhury, 1989). La différenciation dans l'interprétation de la perception des émotions, notamment la distinction entre émotions positives et émotions négatives, serait également déficiente (Feinberg *et al.*, 1986 ; Walker, McGuire & Bettes, 1984 ; Mandal & Rai, 1986 ; Gessler *et al.*, 1989). Gjerde (1983) constate une dégradation du traitement de l'information, déjà altéré par la schizophrénie, dans des conditions de charge émotionnelle. D'autre part, la gestion personnelle de leurs propres émotions peut aussi apparaître inadéquate chez ces patients. Ainsi, Käsermann (1993) met en évidence des troubles du langage en tant que stratégie d'évitement lors de situations émotionnellement chargées.

Peu de moyens d'intervention sont connus actuellement pour influencer les processus émotionnels chez le patient schizophrène. On peut citer parmi ceux-ci la thérapie cognitive selon Beck (Beck, 1976 ; Perris, 1989), les techniques d'auto-instructions ou de l'arrêt de la pensée (Meichenbaum & Cameron, 1973; Spaulding, Storms, Goodrich & Sullivan, 1986) ayant pour but de réduire le niveau d'activation émotionnelle.

Ce sous-programme développé par Hodel (Hodel & Brenner, sous presse-a, sous presse-b) vise spécifiquement l'apprentissage de stratégies préventives pouvant servir de mécanismes d'auto-protection et ainsi l'optimisation d'un répertoire permettant de mieux composer avec des situations stressantes. Directement axé sur les questions de gestion émotionnelle, il se distingue des autres sous-programmes d'IPT qui offrent, eux, des interventions indirectes visant une habituation progressive aux contenus et situations chargés émotionnellement, ou une meilleure maîtrise comportementale d'événements ou de situations spécifiques, à travers des exercices cognitifs ou communicationnels.

Le but de ce sous-programme est donc de favoriser des stratégies préventives par une analyse de la gestion spontanée des émotions, suivie d'une restructuration cognitive; par la suite cet acquis est appliqué et exercé au niveau comportemental. Dans deux études pilotes (Hodel & Brenner, sous presse-b), les résultats obtenus semblent indiquer que ce sous-programme réduit de manière plus efficace les troubles cognitifs que le sous-programme de différenciation cognitive, et ceci par une hypothétique stabilisation du traitement de l'information. Récemment, les travaux de Sandner (1995) ont confirmé ce résultat.

2. APERÇU GLOBAL DU SOUS-PROGRAMME

Le sous-programme prévoit de travailler sur un certain nombre d'émotions évoquées par des diapositives illustrant des situations chargées émotionnellement. Le travail comprend huit étapes, qui sont répétées pour chaque diapositive (v. tableau 22).

---

1. Description et analyse des émotions évoquées dans la diapositive
2. Evocation du vécu d'émotions similaires
3. Description des expériences personnelles de gestion de ces émotions
4. Recherche de stratégies complémentaires et alternatives de gestion
5. Sélection des stratégies de gestion constructives et efficaces
6. Jeux de rôles autour des stratégies sélectionnées et réflexion sur leur faisabilité
7. Evaluation des stratégies jouées par rapport à leur efficacité individuelle
8. Entraînement par jeu de rôle de la stratégie individuelle choisie

---

Tableau 22 — Les huit étapes du sous-programme de gestion des émotions.

A partir de l'analyse perceptive et cognitive détaillée d'une émotion évoquée dans la diapositive, le travail progresse vers l'analyse de son propre vécu émotionnel, la remise en question des stratégies de gestion émotionnelle utilisées ; suivent une recherche de stratégies alternatives puis enfin la mise en pratique par jeux de rôle de la tactique choisie individuellement selon des critères d'efficacité et d'adéquation. L'analyse cognitive de l'émotion reprend une technique d'animation similaire à celle utilisée dans le sous-programme de perception sociale, à ceci près qu'elle se focalise plus spécialement sur la description et l'interprétation de l'émotion en fonction du contexte. Une fois l'émotion-cible identifiée, les membres du groupe comparent leurs vécus personnels et leurs manières respectives de composer avec celle-ci. Ceci permet au thérapeute d'identifier diverses stratégies, plus ou moins adéquates, qui serviront de base à la recherche d'un maximum de stratégies constructives et utilisables. Les participants peuvent par là aborder des sujets sensibles et approfondir la compréhension de l'impact de leurs émotions sur leur vie quotidienne. Cette partie peut représenter une brique supplémentaire dans leur conceptualisation de la maladie. Les dernières étapes ont pour but de tester l'applicabilité pour chacun des membres du groupe de l'une ou l'autre stratégie ; elles servent en outre à exercer celle qui a été choisie, afin de favoriser un transfert des acquis dans la réalité quotidienne. Une telle sélection est importante, car elle doit tenir compte des particularités individuelles tout en offrant à chacun la possibilité de tester toutes les alternatives. L'entraînement se concentre sur un seul choix afin de rendre plus efficace l'apprentissage d'une stratégie au moins et de familiariser le patient avec la nouvelle conduite.

La réalisation de tout ce travail peut nécessiter plusieurs séances pour une seule diapositive.

3. MATÉRIEL

Le matériel reprend certaines diapositives utilisées dans le deuxième sous-programme (perception sociale).

Il faut prévoir une salle permettant la projection des diapositives et le déroulement des jeux de rôle, un tableau pour inscrire les arguments et propositions des participants, du papier et de quoi écrire (entre autres pour les tâches hors séances).

Figure 15 — Deux diapositives utilisées dans le sous-programme de gestion des émotions.

No original de la diapositive	Titre de la diapositive	No original de la diapositive	Titre de la diapositive
4	Vie de famille	18	Joie
7	Amertume	19	Plongée dans ses pensées
8	Menace	20	Solitude
9	Larmes	21	Passage pour piétons
10	Ennui	24	Dispute
11	Amoureux	27	Chœur
14	Assumer la critique	28	Mise de côté
15	Consolation	29	Quotidien du couple

Tableau 23 — Diapositives utilisées dans le sous-programme de gestion des émotions.

4. INTRODUCTION AU SOUS-PROGRAMME

✸ *Explications aux participants*

> Le sous-programme que nous entamons aujourd'hui est consacré aux émotions que nous vivons. Les émotions comme la joie, la colère, la peur, l'enthousiasme ou la tristesse font partie de notre vie. Il est important de pouvoir les reconnaître, les distinguer, les exprimer et enfin les gérer quand elles se produisent.

> Tel est le but de ce programme. D'abord nous allons revoir une diapositive de la série que vous connaissez déjà et identifier tout particulièrement l'émotion évoquée dans ce contexte.
> Ensuite vous pourrez évoquer les émotions que vous avez vécues dans des situations comparables, comment vous les avez ressenties et ce que vous en avez fait.
> Le travail en groupe aidera à dégager différentes manières possibles de composer avec une émotion. Par des jeux de rôles chacun de vous pourra ensuite représenter une telle situation vécue en choisissant la conduite qui lui convient le mieux et lui semble la plus efficace pour gérer ses émotions.

☞ *Indications au thérapeute*

- S'assurer au préalable du bon fonctionnement de l'appareillage.
- Présélectionner les diapositives sur lesquelles le groupe va travailler.
- Donner une définition fonctionnelle simple du but de ce programme.
- Encourager les participants à apporter le matériel de travail (thèmes pour les jeux de rôle).
- Susciter la discussion en demandant des exemples concrets aux participants.
- Susciter la motivation par la discussion des participants sur les avantages à travailler dans ce domaine.
- Chercher à repérer les émotions plus problématiques pour les participants. Organiser ensuite une hiérarchie qui évitera une surstimulation d'entrée.

5. DÉROULEMENT DU SOUS-PROGRAMME

Le sous-programme prévoit de travailler sur une douzaine de diapositives, et pour chacune d'elles les huit étapes décrites au tableau 23 (*cf.* Aperçu global) sont réalisées. Le temps consacré à chacune des étapes peut varier d'une diapositive à l'autre et d'un participant à l'autre en fonction des besoins personnels.

1. Description et analyse des émotions évoquées dans la diapositive

✳ *Proposition de consigne*

> Voici une diapositive. Peut-être la reconnaissez-vous ? Observez-la à nouveau attentivement en vous concentrant surtout sur les émotions des personnages.

> Selon vous, quelles sont les émotions des personnages ? Quels sont les détails qui vous permettent de le dire ? Quelle est l'intensité des émotions ? Se trouvent-ils depuis longtemps dans cet état ?
> (Après l'analyse des émotions)
> D'après vous qu'est-ce qui a pu provoquer ces émotions ? Que se passe-t-il entre les personnages ? Pouvez-vous vous faire une idée sur ce qui a pu déclencher cette émotion ? Est-il possible que le lieu, le moment ou la situation y jouent un rôle ?

☞ *Indications au thérapeute*

- Centrer l'attention sur l'émotion et son contexte. L'analyse se focalise sur les détails directement en rapport avec les émotions évoquées.
- Faire décrire les traits caractéristiques qui permettent d'identifier l'émotion, son intensité et sa durée : visage, gestes, contexte.
- Interpréter les éventuels stimuli déclencheurs de l'émotion : lieu et temps, activités, rapport entre les personnages, contenu des stimuli déclencheurs.

2. Evocation du vécu d'émotions similaires

✳ *Proposition de consigne*

> Pourriez-vous exprimer une telle émotion par votre mimique et vos gestes ? (procéder à des essais)
> Dans quelles situations avez-vous déjà ressenti une émotion identique ou trouvez-vous trop pénible d'en parler ?
> Croyez-vous qu'elle était aussi intense que celle représentée dans la diapositive ? Combien de temps a-t-elle duré ?
> Qu'est-ce que vous avez ressenti dans votre corps ?
> Esssayez de vous rappeler ce qui à l'époque a déclenché votre émotion ? Décrivez la situation. A quoi avez-vous pensé dans cette situation ?
> Avez-vous aussi vécu des émotions similaires mais moins/plus intenses ? Est-ce que vous vous souvenez encore de la situation ?

☞ *Indications au thérapeute*

- Si plusieurs émotions distinctes sont évoquées dans la diapositive, donner la préférence à l'une d'elles et s'y tenir.
- Faire décrire les aspects physiologiques, cognitifs et moteurs de l'émotion.

- Faire synthétiser la gamme des facteurs déclenchants décrits par les participants. En ajouter d'autres au besoin.
- Analyser diverses intensités et durées de la même émotion. Faire observer les différences et les similitudes dans les réactions physiologiques et dans les déclencheurs.

3. Description des expériences personnelles de gestion de ces émotions

✸ *Proposition de consigne*

> Comment réagissez-vous quand vous ressentez cette émotion ? Qu'avez-vous l'habitude de faire dans ce cas ?
> Avez-vous essayé de contrôler votre émotion parce qu'elle vous troublait ? Votre comportement a-t-il diminué ou augmenté votre émotion, l'a-t-il prolongé ? Etiez-vous satisfait de votre réaction à telle ou telle émotion ou restiez-vous insatisfait ?
> D'après vous quelle attitude a pu diminuer, prolonger, augmenter vos émotions ? Qu'est-ce que vous vous étiez dit en vous-même ?

☞ *Indications au thérapeute*

- Poursuivre l'analyse en groupe de l'émotion en s'intéressant aux comportements et cognitions qui l'ont suivi et aux conséquences de ces comportements et cognitions sur l'état émotionnel.
- Lier les tentatives de gestion de l'émotion à leurs conséquences sur celle-ci (prolongement, réduction, intensification, etc.)

4. Recherche de stratégies complémentaires et alternatives de gestion

✸ *Proposition de consigne*

> Nous avons maintenant fait le tour de vos manières de réagir spontanément à une émotion.
> Nous allons en faire un résumé. On va écrire au tableau d'un côté les comportements et les pensées, de l'autre leurs conséquences sur l'émotion. Ainsi nous aurons une vision plus claire de la question. Quelqu'un veut-il commencer ?
> (Après la synthèse au tableau)
> Pensez-vous qu'il y a encore d'autres manières de réagir ? Avez-vous vu par exemple des gens se conduire autrement quand ils ressentaient cette émotion ?

☞ *Indications au thérapeute*

- Faire identifier des catégories de gestion de l'émotion (p. ex. : évitement, auto-instruction, dialogue, etc.) et rapporter les récits des patients à ces catégories.
- Eviter de donner des modes alternatifs de conduites. Laisser plutôt aux participants le soin de réfléchir à des solutions alternatives à travers des questions inductives (dialogue socratique).

5. Sélection des stratégies de gestion constructives et utilisables

✳ *Proposition de consigne*

> Parmi toutes les réactions que nous avons évoquées, lesquelles vous paraissent constructives ? Quels buts vous permettent-elles d'atteindre ?
> Pensez-vous que les stratégies constructives que nous avons nommées sont applicables pour vous ? Dans quelles circonstances ou situations pourriez-vous les employer ? Quels obstacles vous empêcheraient de les utiliser ?

☞ *Indications au thérapeute*

- Faire argumenter les participants par rapport à leurs propositions. Demander d'expliquer les raisons pour lesquelles ils rejettent ou acceptent telle ou telle stratégie.
- Faire identifier une ou deux stratégies applicables et constructives pour chaque participant. Individualiser cette identification.
- Faire inscrire au tableau les stratégies retenues.
- Faire rechercher les obstacles internes et externes qui pourraient empêcher l'application des stratégies constructives. Faire distinguer les stratégies non applicables des stratégies retenues.
- Veiller à laisser le choix aux participants. En cas de choix inadéquat, discuter en groupe des avantages et inconvénients de la stratégie à partir d'exemples concrets.

6-7. Jeux de rôles autour des stratégies sélectionnées, réflexion sur leur faisabilité et évaluation de leur efficacité individuelle

✳ *Proposition de consigne*

> Nous allons à présent faire des jeux de rôles dans lesquels vous pourrez choisir et tester quelques-unes des stratégies constructives. Vous

pourrez ainsi vous faire une meilleure idée des stratégies qui vous conviennent et de celles avec lesquelles vous êtes moins à l'aise.
A partir d'une situation qui a déclenché cette émotion vous pourrez chacun jouer toutes les alternatives constructives que vous avez choisies.
Il n'est pas facile de retrouver l'émotion primaire dans un jeu de rôle. C'est pourquoi le mieux serait que chacun propose une situation personnelle, par exemple une situation dont on a parlé tout à l'heure ou une situation qu'il connaît bien.
(Après le jeu de rôle : au participant du jeu)
Comment vous êtes-vous senti dans ce jeu de rôle. Cette stratégie vous convient-elle ? Quelles ont été vos difficultés à la réaliser ? Vous a-t-elle permis d'atteindre votre but ? Qu'est-ce que vous avez pu vous dire à vous-même ?
(Au groupe) Quelle a été votre impression ? Avez-vous reconnu l'émotion ainsi que la stratégie utilisée ?
(A la fin de tous les jeux de rôles : au participant et au groupe)
Parmi toutes les stratégies que vous avez jouées, laquelle vous a semblé la plus efficace ? Qu'est-ce qui vous fait penser qu'elle est la plus efficace ?

☞ *Indications au thérapeute*

- Assigner au co-thérapeute le deuxième rôle dans le scénario.
- Limiter la durée des jeux de rôles (si possible à 2 minutes au maximum). Aller directement aux répliques essentielles.
- Ne pas faire répéter les jeux de rôles. Il s'agit de jeux d'expérimentation plutôt que d'entraînement.
- Demander après chaque jeu de rôle un bref commentaire et les impressions principales. Faire évaluer la stratégie plutôt que la performance.
- Faire synthétiser les impressions à la fin des jeux de rôle. Aboutir au choix d'une ou au maximum de deux stratégies préférentielles.

8. Entraînement par jeu de rôle de la stratégie individuelle préférée

✱ *Proposition de consigne*

Vous avez chacun choisi une stratégie particulière que vous aimeriez bien utiliser lorsque vous ressentez cette émotion.
Pour vous familiariser avec elle, pour vous sentir plus à l'aise, vous pouvez maintenant réaliser plusieurs jeux de rôle avec cette stratégie.

> On pourra ainsi l'exercer dans différentes situations.
> Essayez de penser à plusieurs situations où vous avez ressenti cette émotion. Décrivez-nous en quelques mots la situation et son contexte. Si vous voulez, nous allons essayer de mettre par écrit les situations. Vous recevez une feuille où vous noterez les éléments de la situation, votre émotion, ce que vous avez fait et comment ça s'est terminé, c'est-à-dire les conséquences pour vous surtout par rapport à votre émotion. Cela vous aidera à vous rappeler quand l'occasion se présentera de vous exercer dans la vie quotidienne. Je vous conseille d'appliquer la stratégie de votre choix à des situations quotidiennes que vous rencontrerez entre nos séances.

☞ *Indications au thérapeute*

- Répéter l'entraînement jusqu'à l'obtention d'une certaine aisance du participant avec la stratégie choisie.
- Faire écrire un compte-rendu.
- Proposer des tâches hors séance où les participants pourront exercer leurs nouvelles stratégies.
- Faire rapporter par écrit les épisodes où les participants ont utilisé leurs stratégies, ainsi que leurs impressions.
- Au début de la séance d'entraînement discuter les situations rapportées par les participants. Analyser aussi bien les réussites que les échecs.
- En cas d'échec dans la réalité, chercher de nouvelles stratégies et reprendre les étapes 6 à 8.

Sous-programme 6
Résolution de problèmes

1. INTÉRÊT THÉORIQUE ET JUSTIFICATION DU SOUS-PROGRAMME

Les praticiens sont constamment confrontés aux difficultés qu'éprouvent les patients schizophrènes à résoudre des problèmes : les exigences de la vie quotidienne apparaissent trop souvent à ces patients comme des tâches insurmontables. Acquérir ou reconstruire l'autonomie et la responsabilité dans des domaines comme l'habitat ou le travail, implique la résolution de problèmes individuels dans des tâches telles que cuisiner, élaborer un budget, maintenir une hygiène acceptable, domaines où le patient fait souvent preuve d'insuffisances.

Au cours des dernières décennies la psychologie générale a accordé un intérêt grandissant aux composantes cognitives du comportement humain : la capacité de résolution de problèmes est ainsi devenue un objet central de recherche (Krause, 1982a, 1982b ; Dörner, 1984).

Un problème peut être défini par un état initial insatisfaisant, un état final souhaité, et la barrière qui empêche le passage de l'un à l'autre (König, Otto, Holling & Liepmann, 1980). Dörner (1984) complète cette définition en ajoutant qu'un problème est constitué d'un état actuel de manque qui n'est pas maîtrisable par les opérations de routine récupérables dans la mémoire. La résolution de problèmes consiste dès lors en un essai de maîtrise d'une situation pour laquelle il n'y a *a priori* aucune solution apprise disponible dans le répertoire de l'individu.

La résolution de problèmes ne saurait toutefois se réduire à un phénomène purement cognitif. La capacité de maîtriser des problèmes ne peut être prédite que partiellement par des variables cognitives comme l'intelligence ou la créativité. Selon Dörner & Kreuzig (1983) et Hussy (1985), des variables de personnalité comme l'extraversion ou la confiance en soi possèdent une valeur prédictive. Une théorie générale de la résolution de problèmes devrait donc tenir compte des liens tant avec des facteurs motivationnels et émotionnels qu'avec le concept d'identité. Ceci laisse supposer qu'une amélioration des capacités à résoudre des problèmes grâce à une thérapie pourrait avoir des effets sur les autres composants psychologiques.

Suite à une revue de la littérature, Frederiksen (1984) conclut que l'apprentissage de la résolution de problèmes pourrait donner de bons résultats. Selon lui, la résolution de problèmes nécessite de multiples habiletés qui peuvent toutes constituer l'objectif en soi d'un entraînement thérapeutique : connaissances structurées et adéquates du domaine problématique, identification du problème à travers une représentation appropriée, capacité d'automatisation du traitement de l'information et reconnaissance efficiente de la constellation de stimuli permettant de déclencher le processus de résolution de problèmes. D'autres chercheurs mentionnent la capacité d'identifier une causalité et d'anticiper des conséquences (Spivack & Shure, 1975) ainsi que la capacité d'abstraction qui permet de déduire à partir de solutions concrètes disponibles des stratégies générales de résolution (Dörner, 1984).

Les différents auteurs ne sont toutefois pas parvenus à un accord si dans la pratique pédagogique ou clinique il fallait préférer les solutions concrètes et spécifiques à certains problèmes aux stratégies générales, non spécifiques, applicables à une grande catégorie de problèmes (Simon, 1980; Greeno, 1980). Pour les patients schizophrènes, la pratique clinique semble toutefois montrer que les effets thérapeutiques sont meilleurs quand le cadre de travail est plus concret et plus proche de la réalité.

La recherche sur les processus de résolution de problèmes chez les patients schizophrènes laisse encore de nombreuses questions ouvertes. En effet, la plupart des études ont jusqu'à présent thématisé les conduites de résolution de problèmes uniquement dans le cadre de problèmes et d'exercices cognitifs clairement définis, opérationnalisation dont la validité pour les situations complexes de la vie quotidienne peut sans doute être mise en question (Kanfer & Busemeyer, 1982). Un certain nombre d'éléments ont toutefois déjà été identifiés : par rapport à des sujets contrôles, les patients schizophrènes ont tendance à commettre plus de fautes à mesure que la complexité du problème augmente, à utiliser moins toutes les informations pertinentes pour pouvoir identifier de manière claire et adéquate le problème, à recourir moins aux contenus stockés en mémoire en rapport avec le problème, à avoir plus de difficultés lorsqu'il y a redondance d'informations sur le problème (Pishkin & Williams, 1984).

Comme le montrent les travaux de Spivack et collaborateurs (Platt & Spivack, 1972a, 1972b, 1975; Siegel & Spivack, 1976a, 1976b) ces troubles, qui s'intègrent bien au modèle du traitement de l'information altéré dans la schizophrénie, jouent un rôle non négligeable dans la maîtrise des problèmes qui se posent dans la réalité du patient. Leurs résultats soulignent autant les difficultés des personnes schizophrènes à identifier les situations problématiques de la réalité quotidienne que l'efficacité réduite de leurs stratégies de résolution.

D'Zurilla & Goldfried ont proposé en 1971 un procédé général de résolution de problèmes immédiatement utilisable dans la pratique de la thérapie comportementale. Ce procédé comprend cinq étapes :

1. Orientation générale
2. Identification de la situation problématique; définition et formulation du problème
3. Elaboration de solutions alternatives
4. Evaluation des différentes possibilités de solution, option pour l'une d'elles et mise en application
5. Evaluation de la solution appliquée.

De tels procédés de base structurent le déroulement chronologique du processus thérapeutique de résolution de problèmes avec divers groupes de patients et dans diverses conditions de travail. Cette stratégie a pu être appliquée dans une multitude de problèmes cliniques (Spivack & Shure, 1975; Christoff, Scott, Kelley, Schlundt, Baer & Kelly, 1985; D'Zurilla, 1985; Nezu, 1986; Moss, Falloon, Boyd & McGill, 1982), également dans le traitement et la réhabilitation de patients schizophrènes (Siegel & Spivack, 1976b; Pekala, Siegel & Farrar, 1985; Liberman et al., 1986; Liberman, Nuechterlein & Wallace, 1982). Plusieurs études ont montré l'utilité du procédé auprès de patients psychiatriques gravement perturbés (Coche & Flick, 1975; Siegel & Spivack, 1976a; Farley, 1984; Hansen, Lawrence & Christoff, 1985), même si les changements positifs n'ont pas toujours pu être répliqués (Coche & Douglas, 1977). Les études catamnestiques mettent d'ailleurs en doute le maintien des acquis et leur généralisation aux situations réelles des patients (Hansen *et al.*, 1985). Toutefois, la réalisation de jeux de rôle ainsi que la pratique de tâches hors séance et d'exercices *in-vivo* pourraient présenter un moyen d'améliorer le maintien et la généralisation des compétences (Liberman *et al.*, 1982). D'autre part, il convient de préférer à une pratique standardisée et préstructurée une pratique basée sur une analyse fonctionnelle étroitement liée à la problématique individuelle du patient (Kelly & Lamparski, 1985).

2. APERÇU GLOBAL DU SOUS-PROGRAMME

Le sous-programme de résolution de problèmes interpersonnels figure en dernier, non parce qu'il nécessiterait les acquis des sous-programmes précédents, mais parce qu'il s'avère exigeant pour les patients et qu'il est particulièrement approprié dans les étapes finales de la réhabilitation comme par exemple lors du transfert dans un appartement (protégé ou non).

Ce sous-programme demeure tout à fait compatible avec d'autres interventions comportementales. Les solutions élaborées en séance devraient trouver leur application dans la réalité des patients, même si cela peut exiger des supports supplémentaires. Des techniques d'autocontrôle peuvent servir plusieurs objectifs comme la perception des problèmes ou l'évaluation du déroulement de la thérapie. Dans la mesure où ce sous-programme est relativement peu structuré, la compétence du thérapeute y joue un rôle important.

Le déroulement du sous-programme est précisé dans le tableau 24.

- Identification et analyse du problème
- Elaboration cognitive du problème
- Recherche de solutions alternatives
- Discussion des solutions alternatives
- Choix de l'une des solutions alternatives
- Mise en pratique de la solution
- Evaluation de l'efficacité de la solution

Tableau 24 — Les étapes de la résolution de problèmes.

Le choix des problèmes s'effectue en fonction de chaque patient. Toutefois, le thérapeute veillera au début à traiter des problèmes relativement simples et peu chargés émotionnellement afin de familiariser le groupe avec le procédé. Il décidera sur la base d'une analyse exhaustive quel est le problème à résoudre. Le choix est pragmatique et se base sur la probabilité de succès ainsi que sur le degré d'urgence du problème.

Vu l'altération de la perception des problèmes souvent rencontrée chez le patient schizophrène, l'identification du problème à résoudre sera une cible essentielle dans ce processus réhabilitatif. On attache donc une importance toute particulière à l'élaboration cognitive de la situation et aux éventuelles distorsions qui pourront être mises en évidence puis corrigées. Le thérapeute cherchera lors de cette phase de définition à obtenir un consensus du groupe quant à l'opérationnalisation claire et concrète du problème et du but à atteindre.

Ce n'est que sur une telle base que la prochaine étape — la recherche de solutions alternatives — sera mise en œuvre à travers la technique du «brainstorming» (Osborn, 1963). Par la suite aura lieu une discussion qui dégage les avantages et les inconvénients de chaque proposition. Enfin, c'est le/la patient(e) concerné(e) qui opte pour l'une des solutions discutées. Il appartient au thérapeute de décider de cas en cas s'il veut intervenir ou non dans le choix de la solution.

La mise en pratique reste la partie la plus difficile du programme, mais elle peut être facilitée par l'emploi de moyens auxiliaires. Il est primordial que la solution choisie fasse ses preuves dans la vie quotidienne, sinon les éventuels obstacles sont analysés et d'autres solutions testées.

L'activité thérapeutique dirigée sur un seul problème peut nécessiter plusieurs séances. Une bonne préparation et un compte rendu précis aident à la condenser. Plus que les autres encore, ce sous-programme demande la présence d'un thérapeute compétent et expérimenté.

Au-delà de l'objectif général d'élaborer avec le patient une vision réaliste du problème et de parvenir à une solution effective, l'ensemble du sous-programme poursuit les objectifs suivants :
– améliorer l'identification et la perception des problèmes en apprenant au patient à définir le plus concrètement et simplement possible la situation problématique (état actuel, état souhaité, obstacles) ;
– développer une attitude rationnelle vis-à-vis des problèmes en apprenant au patient à concrétiser leurs diverses composantes et à subdiviser une situation complexe en éléments simples et plus facilement perceptibles ;

– développer une attitude orientée vers la solution en invitant le patient à modifier ses attentes dans le sens d'une ou de plusieurs solutions alternatives qu'il convient de tester;

– favoriser un mode de pensée anticipatoire qui prend en considération les conséquences des solutions et conduit le patient à diminuer les solutions impulsives, spontanées en faveur d'actions plus réfléchies;

– augmenter la probabilité d'un comportement généralisé de résolution de problèmes en amenant le patient à adopter des attitudes et conduites constructives vis-à-vis des problèmes et des exigences de la vie quotidienne.

3. MATÉRIEL

En raison du caractère fortement individuel des situations de chaque patient et de la relative imprévisibilité des problèmes abordés, ce sous-programme ne nécessite pas un matériel structuré au préalable.

Un tableau, des feuilles et des stylos pour les participants faciliteront une éventuelle prise de notes. Pour les jeux de rôle, la mise à disposition d'une vidéo peut s'avérer utile.

Voici, à titre d'exemple, une liste de problèmes trouvés lors de la préparation à la vie dans un appartement communautaire ou protégé. D'autres types de listes peuvent être utilisés ou élaborés avec les patients dans le cadre de leur programme de réhabilitation.

1. Activités extérieures et habiletés dans les tâches domestiques

a) Hygiène corporelle

Etat actuel : Manque spontané d'hygiène personnelle.
Etat souhaité : Hygiène personnelle adaptée aux exigences sociales standards.

b) Ordre et propreté

Etat actuel : Manque d'ordre et de propreté dans les domaines placés sous la reponsabilité directe du patient (par exemple sa chambre).
Etat souhaité : Nettoyage et rangement correspondant aux normes en vigueur dans l'unité de soins.

c) Budget et achats

Etat actuel : Mauvaise gestion de petites sommes d'argent et conduites de consommation inadéquates.

Etat souhaité : Réalisation correcte de calculs arithmétiques simples, connaissance du prix approximatif des marchandises les plus importantes, consommation et achats en rapport avec les besoins et les ressources.

d) Habiletés dans les activités de cuisine

Etat actuel : Absence ou faiblesse des habiletés à se préparer un repas.
Etat souhaité : Connaissances et habiletés de base nécessaires dans les travaux de cuisine (de telles problématiques sont d'ailleurs souvent prises en charge tôt dans la réhabilitation au moyen des techniques sociothérapeutiques classiques).

2. Recherche de logement

a) Possibilités de financement

Etat actuel : Flou dans les possibilités de financement disponibles.
Etat souhaité : Connaissance des possibilités et limites financières, calcul d'un coût de logement approprié.

b) Caractéristiques du logement recherché

Etat actuel : Incertitude concernant les caractéristiques essentielles du logement souhaité.
Etat souhaité : Détermination des caractéristiques du logement (situation, grandeur, nombre de pièces, etc.).

c) Possibilités de recherche de logement

Etat actuel : Faible connaissance des possibilités et lieux de recherche d'un logement, habiletés insuffisantes à rechercher un logement.
Etat souhaité : Connaissances suffisantes des possibilités de recherche d'un logement (par exemple annonces personnelles, offres, services sociaux, régies, etc.) et compétences de base à utiliser ces ressources.

d) Participation à la recherche pratique d'un logement

Etat actuel : Non participation à la recherche de logement.
Etat souhaité : Contribution personnelle à la recherche de logement (par exemple avoir écrit et placé une annonce dans un journal, avoir répondu à une annonce, etc.).

3. Ameublement du logement

a) Caractéristiques du logement

Etat actuel : Manque de connaissance des caractéristiques du logement.
Etat souhaité : Connaissances exactes du lieu d'habitation (adresse, étage), des possibilités d'ameublement selon la répartition et la disposition des pièces.

b) Objets nécessaires à l'ameublement

Etat actuel : Faible connaissance des objets à disposition et de ceux manquants.
Etat souhaité : Inventaire exact du mobilier à disposition et des objets à se procurer en priorité.

c) Possibilités de financement

Etat actuel : Manque de clarté concernant les possibilités de dépense.
Etat souhaité : Connaissance précise des possibilités individuelles de dépense.

d) Possibilités de se procurer le mobilier manquant

Etat actuel : Manque de connaissances concernant les possibilités de se procurer le mobilier manquant.
Etat souhaité : Détermination des moyens réalisables pour se procurer le mobilier manquant.

4. Vie communautaire et partage des tâches dans le logement

a) Domaines des tâches et devoirs

Etat actuel : Manque de connaissances des tâches et devoirs dans un appartement communautaire.
Etat souhaité : Détermination concrète et précise des travaux domestiques, connaissance détaillée des tâches à accomplir seul et de manière autonome.

b) Organisation des travaux domestiques

Etat actuel : Manque de clarté sur les possibilités de gestion commune des tâches.
Etat souhaité : Partage des tâches, détermination précise des devoirs de chacun des locataires (cuisine, nettoyage, achats, etc.) ; détermination du besoin transitoire d'une aide professionnelle (p. ex. femme de ménage).

c) Déroulement de la journée

Etat actuel : Incertitude quant aux possibilités de coordination temporelle et au déroulement des tâches individuelles.
Etat souhaité : Planification individuelle précise des tâches avec définition claire d'un horaire à respecter par les locataires.

d) Intégration dans la communauté de l'appartement ou de l'immeuble

Etat actuel : Manque de connaissance des droits et devoirs du locataire vis-à-vis du propriétaire et des autres locataires.
Etat souhaité : Définition claire des droits et devoirs de chacun dans le contexte de l'appartement et de l'immeuble.

5. Déménagement

a) Tâches individuelles

Etat actuel : Incertitudes au sujet des devoirs individuels qui incombent au patient lors du déménagement.
Etat souhaité : Définition claire des exigences faites au patient lors d'un déménagement (p. ex. savoir quelles personnes sont disponibles pour l'empaquetage de quels objets).

b) Possibilités de transport

Etat actuel : Incertitudes concernant les possibilités de transport ajustés au déménagement envisagé.
Etat souhaité : Détermination claire du moyen de transport selon les exigences individuelles.

c) Planification temporelle

Etat actuel : Incertitudes au sujet du déroulement temporel du déménagement.
Etat souhaité : Planification temporelle concrète et précise.

d) Mise en place de la planification

Etat actuel : Incertitudes concernant la praticabilité et la qualité de la planification.
Etat souhaité : Augmentation du sentiment d'assurance (p. ex. par la mise en pratique d'un plan), identification et possibilités de remédier à d'éventuelles lacunes dans la planification.

6. Après le déménagement

Lors de la vie communautaire, de multiples problèmes peuvent surgir qui feront l'objet en séance d'un travail flexible et adapté aux besoins du patient.

4. INTRODUCTION AU SOUS-PROGRAMME

Etant donné la faible structuration du sous-programme, le thérapeute cherchera dans cette introduction à préciser la notion de résolution de problèmes, à fournir des exemples simples et parlants aux participants, à les motiver à travailler selon cette formule. Il délimitera également le cadre, tout en soulignant l'importance du travail entre les séances.

Une fréquence de deux à trois séances par semaine est recommandée. La durée d'une séance peut varier de une heure à une heure et demie au maximum (pause comprise) afin d'éviter une surcharge des participants. Chaque fois, on réserve du temps pour évaluer les tâches à domicile et on réoriente si nécessaire l'identification ou le choix de la solution. Dans l'application de ces tâches, un soutien entre les séances s'avère parfois nécessaire. La collaboration de l'équipe thérapeutique peut alors jouer un rôle important. On travaillera de préférence en petits groupes et on veillera à une atmosphère ouverte et détendue.

✸ *Proposition d'explications*

> Nous arrivons aujourd'hui au dernier sous-programme : la résolution de problèmes. L'objectif est d'apprendre et d'appliquer ensemble une démarche pour analyser et résoudre les problèmes de la vie quotidienne.
> Dans notre vie de tous les jours, nous rencontrons tous des situations qui ne se déroulent pas comme on veut ; et parfois, on reste coincé par une difficulté pour laquelle on n'a pas de solution toute faite. Il y a peut-être des problèmes dont vous vous plaignez depuis un certain temps. Nous allons en parler, en essayant de leur trouver une solution concrète que vous pourrez ensuite expérimenter.
> Nous avons besoin d'une définition simple de ce qu'est un problème. Un problème consiste en deux éléments : un but qu'on veut atteindre et des obstacles qui nous empêchent d'atteindre notre but. Par exemple : je veux boire du café (but), mais je n'ai plus de café chez moi (obstacle).

> Avez-vous des questions. Quelqu'un veut-il donner un autre exemple de ce schéma but-obstacle ?

☞ *Indications au thérapeute*
- Spécifier les nouvelles règles et les horaires du groupe s'il y a lieu.
- Avoir à disposition des fiches permettant aux participants de prendre des notes sur le schéma de la technique de résolution de problèmes.
- Utiliser éventuellement un poster résumant les différentes étapes de la technique de résolution de problèmes.
- Garder en réserve une liste de problèmes. Un ou deux problèmes simples, peu chargés affectivement, pourront servir d'exemples initiaux.
- Ne pas trop insister sur l'aspect théorique de la résolution de problèmes. Illustrer par des exemples concrets. Inviter les patients à utiliser cette définition pour des problèmes qu'ils amènent ou pour des exemples proposés par le thérapeute.
- Encourager les participants à amener les situations problématiques qui les préoccupent. Préciser que le travail continue également en dehors des séances.
- Montrer une première résolution de problèmes d'une situation simple.
- Commencer par des problèmes simples. Si des problèmes complexes sont amenés par les patients, chercher plutôt à les réduire en situations concrètes, simples, et plus facilement maniables.

BUT		OBSTACLE
Je dois prendre mes médicaments.	MAIS	Je n'en ai plus chez moi.
Je dois arriver à l'heure le matin à l'atelier.	MAIS	Je n'arrive pas à me lever tôt.
J'aimerais bien faire de nouvelles connaissances.	MAIS	Je ne sais pas très bien quoi dire aux gens que je rencontre.
J'aimerais écouter la nouvelle petite radio que je viens d'acheter.	MAIS	J'ai découvert en rentrant qu'elle avait un défaut de fabrication.

Figure 16 — Exemple d'une liste de problèmes traités selon la formule «but/obstacle».

5. DÉROULEMENT DU SOUS-PROGRAMME

La préparation cognitive du jeu de rôle se déroule selon le schéma suivant :

1. Définir et analyser le problème.
2. Rechercher des solutions alternatives.
3. Evaluer les solutions alternatives.
4. Choisir une solution.
5. Mettre en pratique la solution choisie.
6. Evaluer l'efficacité de la solution choisie.

1. Définir et analyser le problème

✱ *Proposition de consigne*

> Si je résume la plainte principale que vous avez exprimée, je dirais que vous vous sentez fatigué, sans énergie. Cette fatigue vous amène à être souvent en retard aux ateliers et à manquer de plus en plus les activités thérapeutiques qui vous sont proposées. Vous avez l'impression d'être un peu dépassé par toutes ces activités et de ne plus pouvoir mener à bien tout cela. Vous avez peur que votre projet d'aller vivre à l'extérieur de l'hôpital n'aboutisse pas, parce que vous êtes trop fatigué, parce que vous avez perdu le goût et la motivation aux tâches que ce projet exige de vous.
> Pour mieux préciser encore vos sensations de fatigue, je vous ai demandé de remplir tous les jours, heure par heure, la fiche d'auto-observation en cotant votre niveau de fatigue en trois degrés (0, 1, 2). Je vous propose d'en discuter maintenant.
> Quelqu'un veut-il nous résumer ce que Monsieur D a pu observer cette semaine ?
> Si vous additionnez pour chaque jour les chiffres que vous avez notés, vous pourrez voir si c'était la même chose tous les jours. Quel était le jour où vous étiez le plus en forme ?
> Et tout au long d'un même jour, votre fatigue était-elle constante ? A quels moments étiez-vous le plus fatigué ? A quels moments étiez-vous le moins fatigué ?
> Vos observations montrent bien que votre fatigue n'est pas quelque chose de fixe et d'immuable. Il y a de grandes différences d'un jour à l'autre et pendant une même journée.

☞ *Indications au thérapeute*

- Commencer le sous-programme par des problèmes simples à définir. Augmenter progressivement le niveau de charge émotionnelle des problèmes.
- Résumer le problème en termes d'état actuel, d'objectif souhaité et d'obstacles empêchant d'atteindre l'objectif.
- Rendre plus concret le problème en demandant aux patients de l'illustrer dans des situations de la vie quotidienne.
- Faire formuler l'objectif en termes de conduites observables.
- Utiliser des fiches d'auto-observation entre les séances pour affiner l'examen du problème et favoriser son analyse détaillée.
- Collaborer si possible avec l'équipe soignante pour faciliter l'analyse du problème et assurer l'auto-observation des patients.

2. Rechercher des solutions alternatives

✻ *Proposition de consigne*

> Nous allons maintenant ensemble réunir toutes les solutions possibles au problème. Qu'est-ce qu'on peut faire pour se sentir moins fatigué? Vous allez proposer toutes les solutions qui vous passent par la tête et un parmi vous va les noter au tableau. Attention, on ne va pas discuter des idées maintenant, même si elles ne vous paraissent pas bonnes. Le but est de réunir un maximum d'idées. On fera le tri après.
> Quelqu'un a-t-il une première idée?
> (après l'expression d'une idée)
> Bien, avez-vous d'autres idées? Qu'est-ce qu'on peut faire d'autre pour se sentir moins fatigué la journée?

☞ *Indications au thérapeute*

- Faire résumer le problème avant de lancer la recherche de solutions.
- Faire noter au tableau toutes les idées concernant des solutions.
- Renforcer positivement chaque participation active.
- Diriger l'attention des patients sur la recherche d'idées et non sur leur évaluation.

3. Evaluer les solutions alternatives

✳ *Proposition de consigne*

> Nous avons réuni six solutions. Je les résume : (1) aller tôt au lit le soir ; (2) faire une sieste à midi ; (3) manger sainement, beaucoup de salade, des légumes, et faire du sport ; (4) boire du jus de fruits au lieu du café ; (5) faire des choses ensemble, faire des choses agréables ; (6) se lever et se doucher le matin dès que le réveil a sonné.
> Reprenons-les, les unes après les autres. D'après vous, aller tôt au lit, est-ce une solution efficace ? Voulez-vous la retenir comme solution possible ?
> (pour les solutions retenues)
> Quels avantages présente-t-elle ? Quels inconvénients ? Pouvez-vous l'appliquer dans votre vie quotidienne ? Auriez-vous des difficultés à le faire ? Lesquelles ? Concrètement que pourriez-vous faire pour aller plus tôt au lit ?
> (Après la discussion de la solution)
> Bien, nous avons maintenant une idée claire des avantages et inconvénients de cette solution. Passons à la solution suivante. Quelqu'un veut-il rappeler de quelle solution il s'agit ?
> Est-elle efficace selon vous ?

☞ *Indications au thérapeute*

— Structurer la discussion. Evaluer dans un premier temps l'efficacité probable de la solution par rapport au but puis, si elle s'avère efficace, discuter plus en détail ses avantages et inconvénients.
— Faire évaluer les solutions proposées les unes après les autres. On pourra réaliser cette évaluation en deux temps : (1) éliminer les solutions inefficaces ou non réalisables, (2) discuter des solutions retenues.
— Faire traduire les solutions en comportements concrets réalisables. Observer les obstacles à la réalisation et les ressources nécessaires à l'application.
— Utiliser les expériences personnelles passées des participants pour leur évaluation des solutions.

4. Choisir une solution

✳ *Exemple d'animation*

> Le thérapeute : « Bien, nous avons discuté de toutes les solutions. Monsieur D, voulez-vous nous rappeler les solutions que nous avons

> retenues?»
> (Après la réponse de Monsieur D)
> Le thérapeute : «Merci beaucoup. Je demande maintenant à chacun de choisir la solution qu'il préfère.
> Monsieur D, quelle solution avez-vous choisie?»
> Monsieur D : «Aller plus tôt au lit car moi j'y vais toujours assez tard. Je ne me couche jamais avant minuit et je ne dors pas avant une heure du matin.»
> Le thérapeute : «Bien, je crois en effet que c'est une bonne idée pour vous. Mais comment pouvez-vous l'appliquer?»
> Monsieur D : «Je ne sais pas, je vais essayer.»
> Le thérapeute : «Quelqu'un a-t-il une idée pour aider Monsieur D à se coucher plus tôt?»
> Madame C : «Il pourrait se fixer une heure de coucher. Par exemple aller à onze heures au lit après le film à la TV.»
> Monsieur D : «Oui, pourquoi pas. Je vais essayer de faire ça : aller au lit tout de suite après le film. De toute façon, il y a beaucoup de gens en division qui vont au lit à ce moment-là. Ça pourrait m'aider de les suivre.»
> Le thérapeute : «Excellente idée. Madame B, quelle est la solution que vous aimeriez choisir?»

☞ *Indications au thérapeute*

- Demander à tous les participants de choisir une solution ou une combinaison de plusieurs solutions.
- Faire traduire la solution adoptée en comportements concrets dans des situations concrètes.
- Faire trouver des moyens auxiliaires pour l'application de la solution.
- En cas de choix d'une solution inadéquate, chercher à remettre en question ce choix en réexaminant l'efficacité, les avantages et inconvénients de la solution. Attendre l'évaluation définitive de la solution après sa réalisation pour retravailler un éventuel choix inadéquat.

5. Mettre en pratique la solution choisie

✻ *Proposition de consigne*

> Vous avez à présent tous choisi une solution. Vous avez pu voir que ces solutions ne pourront être efficaces que si vous les utilisez sur une longue période. Si vous faites de la course une seule fois par mois, ça va moins vous aider à vous maintenir en forme que si vous courez plusieurs fois par semaine.

> On va essayer maintenant d'organiser les choses pour que vous puissiez réaliser votre solution avec un maximum de chances de succès. Madame C, comme sport vous vouliez faire de la nage. Comment pensez-vous réaliser cette activité ? Où voulez-vous aller nager ? Combien de fois par semaine ?
> (Après la discussion des détails de l'organisation de l'activité)
> Je vous propose, Madame C, de vous voir une fois avec votre infirmier référent pour mettre par écrit votre proposition. Votre infirmier pourra peut-être ajouter des idées pour vous aider à pratiquer régulièrement ce sport. Etes-vous d'accord ?

☞ *Indications au thérapeute*

- Assigner à chacun la tâche qu'il a choisie. Résumer l'ensemble des tâches à la fin de la séance.
- Veiller à concrétiser la mise en pratique de manière à ce qu'elle s'intègre au mieux dans le quotidien des patients.
- Utiliser éventuellement des jeux de rôles ou des exercices pour familiariser le participant avec la solution qu'il a proposée.
- Faire mettre par écrit les propositions concrètes d'application. Utiliser des calendriers d'application.
- Insister sur l'importance de la réalisation concrète des solutions en soulignant qu'une réalisation systématique augmente les chances de succès.
- Collaborer avec les membres de l'équipe soignante, ergo- et physiothérapeutes, assistants sociaux, etc.

6. Evaluer l'efficacité de la solution choisie

✶ *Exemple d'animation*

> (En début de séance)
> Le thérapeute : « J'aimerais revoir avec vous les solutions que vous avez pratiquées depuis la semaine passée pour vous sentir moins fatigué. »
> Monsieur D, vous vouliez aller plus tôt au lit, dès que le film du soir était terminé. Avez-vous fait cela ?
> Monsieur D : « Oui, tous les jours sauf avant-hier où j'ai regardé encore les informations, le sport et le film de minuit. »
> Le thérapeute : « Bien. Comment vous-êtes vous senti ? Etiez-vous fatigué ? »
> Monsieur D : « Oui, je reste fatigué. Les trois premiers jours j'avais encore plus de mal à m'endormir, mais après ça allait mieux. J'ai aus-

si plus de facilité à me lever le matin.»
Le thérapeute : «Oui. Il est vrai qu'il n'est pas facile au début de changer son rythme de sommeil, mais avec le temps on y parvient. J'aimerais revenir sur ce qui s'est passé avant-hier soir. Vous êtes allé plus tard au lit. Qu'est-ce qui vous a poussé à rester devant la TV?»
Monsieur D : «Je n'avais vraiment pas sommeil et puis le samedi soir les gens restent debout tard.»
(Après l'analyse du contexte et des conséquences de l'épisode)
Le thérapeute : «En somme, être allé au lit si tard a gâché votre dimanche, mais je comprends que le samedi soir c'est difficile d'aller au lit à onze heures. Ça me semble un problème intéressant. Quelqu'un a-t-il une solution à proposer pour aider Monsieur D dans cette situation?»

☞ *Indications au thérapeute*

- Renforcer les efforts des participants.
- Discuter de l'efficacité de la solution, de la manière dont elle a été appliquée, et de ses conséquences.
- Utiliser l'auto-observation continue pour l'évaluation de la solution appliquée.
- Dans la mesure où cela est utile, chercher à créer un cadre structuré en vue de la réalisation des solutions choisies.
- En cas d'échec de la solution choisie, examiner les raisons possibles de l'échec. Faire choisir une solution alternative en précisant les conditions de son efficacité. Si nécessaire faire reformuler le problème en termes de buts et d'obstacles; reprendre la procédure de résolution.
- En cas de non respect du programme établi, rechercher des solutions qui permettent de dépasser les obstacles. Reformuler éventuellement le but, ou faire choisir une autre solution plus facilement applicable, ou encore recourir à des moyens auxiliaires.
- En cas de problèmes nécesssitant des exercices sur une longue période, réaliser régulièrement des séances de bilan consacrées entièrement au problème en question (par exemple une fois par mois).
- Collaborer avec l'équipe soignante (infirmiers, ergothérapeutes, assistants sociaux, physiothérapeutes) afin de veiller à la meilleure réalisation possible de la solution du problème.

TROISIÈME PARTIE

RÉFLEXIONS CRITIQUES ET PERSPECTIVES D'AVENIR

Bien que l'intérêt pour les thérapies cognitives avec des patients schizophrènes ne date pas d'aujourd'hui — il y a vingt ans déjà on en trouvait des échos dans la littérature (cf. Bellack & Mueser, 1993; Green, 1993) —, il faut bien constater un manque de considération témoigné jusqu'il y a peu à leur égard. Celui-ci provient du fait qu'on ne les considérait guère pertinentes sur le plan clinique, car les fonctions cognitives améliorées par des exercices n'avaient finalement qu'un faible impact sur la vie quotidienne des patients (Carpenter, 1988). Ce n'est qu'avec les résultats insatisfaisants des premiers programmes d'entraînement aux compétences sociales pour patients schizophrènes que l'intérêt s'orienta à nouveau davantage sur la thérapie des troubles cognitifs, car on supposait que ces troubles devaient interférer avec l'amélioration des habiletés sociales (Hemsley, 1977). Les premières interventions de ce type étaient toutes, à quelques exceptions près, des applications directes des données de la psychologie expérimentale (Wagner, 1968; Wishner & Wahl, 1974). Cependant la méthodologie employée dans les études évaluatives se montrait souvent trop peu précise, les quelques résultats obtenus pouvaient dès lors être le fruit de variables parasites incontrôlées (cf. Spaulding, Storms, Goodrich & Sullivan, 1986). Même si aujourd'hui les interventions cognitives auprès de patients schizophrènes sont considérées comme faisant partie des mesures réhabilitatives indispensables (Carpenter, 1988; Möller, 1988) et que les techniques d'évaluation ont bien progressé, certaines questions critiques restent d'actualité (*cf.* Hodel & Brenner, sous presse-a).

La première d'entre elles concerne le manque de spécificité des instruments de mesure employés dans l'évaluation des troubles cognitifs des patients schizophrènes. Les chercheurs concernés par l'application thérapeutique des résultats de la psychologie expérimentale appuient de manière générale leurs arguments sur des instruments qui, soit saisissent un seul parmi les différents niveaux de complexité cognitive, soit englobent certes l'ensemble des niveaux, mais de manière relativement diffuse. D'après Spaulding et collaborateurs (Spaulding, Garbin & Crinean, 1989), de tels instruments de mesure sont peu différenciés et ne correspondent guère au tableau clinique des patients schizophrènes.

Voilà pourquoi plusieurs groupes de travail ont développé des batteries de tests pour évaluer les troubles complexes du traitement de l'information chez des patients schizophrènes. Ainsi Spaulding et collaborateurs (Spaulding *et al.*, 1989; Spaulding, Penn & Garbin, sous presse) ont conçu la batterie de tests COGLAB. Sur la base des résultats de recherche obtenus avec cette batterie, ils ont postulé avec Green (1993) que les patients atteints de schizophrénie présentent des troubles à plusieurs niveaux. Ils proposent de les subdiviser en troubles primaires et troubles secondaires. Les premiers dépendent directement de facteurs neuropsychologiques et sont de ce fait très spécifiques. On les considère comme des troubles stables de cette pathologie. Ils sont également observables auprès de parents proches et d'enfants dits « à haut risque » (Green, 1993). Les troubles secondaires résultent par contre, soit d'une atteinte cognitive générale, soit d'effets secondaires de thérapies pharmacologiques (Green, 1993).

La cible d'un traitement cognitif suscite une autre interrogation. Il est en effet difficile d'affirmer si les interventions doivent se limiter à des troubles cognitifs étroitement circonscrits ou embrasser des domaines plus vastes englobant plusieurs troubles (Green, 1993). En d'autres termes, il est actuellement impossible de savoir dans quelle mesure un entraînement portant uniquement sur des déficits cognitifs opérationnalisables — comme par exemple les troubles du temps de réaction ou les déficits de recouvrement (« recall deficits ») — se différencie d'une intervention qui prend aussi en compte les aspects motivationnels dans l'amélioration des fonctions cognitives (Hodel, 1993; Summerfelt, Alphs, Funderburk, Strauss & Wagman, 1991).

Par rapport à l'inclusion des divers niveaux de complexité dans les interventions cognitives, les résultats de recherche sur les temps de réaction ont clairement montré que dans ce domaine les interventions limitées à des troubles très circonscrits sont moins efficaces que celles qui associent un apprentissage orienté sur la tâche et des renforcements motivationnels (Green et al., 1992; Green & Hellman, sous presse; Kern, Green & Goldstein, sous presse).

Au-delà des troubles cognitifs circonscrits, la possibilité de généralisation des changements obtenus par les thérapies cognitives à l'ensemble des niveaux cognitifs, ou même aux compétences sociales, voire à la vie quotidienne, est peu connue (Corrigan, Wallace & Green, 1992; Green, 1993; Hellman, Green, Kern & Christenson, 1992). On ne sait pas si, grâce à des exercices appropriés, l'amélioration des fonctions attentionnelles élémentaires s'étend à des situations quotidiennes comme par exemple une conversation, où l'on observe des modifications rapides des stimuli interpersonnels. On ne sait pas non plus si, par des exercices en laboratoire, l'amélioration des habiletés cognitives conceptuelles peut avoir un effet sur la résolution de problèmes dans la vie sociale quotidienne.

Néanmoins, Spaulding (1992) signale que des améliorations cognitives, même isolées ou temporaires, gardent leur importance pour l'ensemble de la réhabilitation; on suppose que ces améliorations permettraient une stabilisation du patient, favorisant les bénéfices retirés des interventions. Toutefois, aucun fait empirique n'appuie actuellement ces arguments. Bowen et collaborateurs (sous presse) montrent que la vigilance cognitive (mesurée par le «Continuous Performance Test», CPT; Rosvold, Mirsky, Sarason, Bransome & Beck, 1956) est en corrélation avec l'amélioration des habiletés sociales; Kern (1992) ainsi que Corrigan (sous presse) ont trouvé que c'est en particulier la mémoire verbale immédiate qui est liée à l'efficacité de l'apprentissage de nouvelles compétences sociales.

Enfin, on rencontre l'opinion selon laquelle les améliorations des fonctions cognitives ne peuvent influencer que secondairement les symptômes spécifiques de la schizophrénie et, par là, apparaissent moins efficaces en comparaison avec le traitement médicamenteux. En fait, lors d'un tel traitement de la symptomatologie on ne peut pas distinguer si celle-ci est basée sur des troubles cognitifs primaires ou secondaires. Il est donc compréhensible que les effets d'un traitement pharmacologique sur les fonctions cognitives ne soient pas univoques: quelques fonctions sont normalisées (par exemple certains processus d'attention), d'autres pas (par exemple la mémoire ou les processus d'apprentissage).

A partir de ces critiques et des réflexions qui les accompagnent, on peut tracer quelques pistes de développement d'un apprentissage cognitif dont le programme IPT constitue un exemple.

– Les progrès rapides dans la connaissance des bases neurophysiologiques concernant les troubles du traitement de l'information spécifiques à la schizophrénie pourraient aboutir en thérapie cognitive à des interventions de plus en plus spécifiques, centrées sur les fonctions du cortex préfrontal dorsolatéral et du lobe temporal médial.

– Les interventions devraient progressivement s'orienter vers une prise en considération des relations empiriquement démontrées entre les troubles des fonctions cognitives, des fonctions liées au comportement ainsi que d'autres fonctions comme par exemple le traitement des émotions (Bellack, sous presse).

– Des techniques d'entraînement cognitif en groupe apparaissent particulièrement adaptées aux troubles liés à une vulnérabilité interindividuelle (c'est-à-dire partagée par les patients schizophrènes) alors que des troubles secondaires individuels devraient au contraire faire l'objet de thérapies individuelles.

– Même si des améliorations transitoires des troubles cognitifs sont considérées comme significatives (Spaulding, 1992), il n'en reste pas moins que, dans la schizophrénie en tant que maladie à long terme, un succès durable d'une thérapie cognitive requiert comme condition minimale des séances de rappel régulières («booster sessions»).

En résumé, ces différentes propositions concernant le développement futur des thérapies cognitives applicables aux patients schizophrènes, s'assortissent à la naissance d'une nouvelle génération de méthodes d'apprentissage préconisée par Liberman et collaborateurs (1993) et suscitent des procédés thérapeutiques novateurs.

Bibliographie

Anderson, C.M., Hogarty, G.E. & Reiss, D.J. (1980). Family Treatment of Adult Schizophrenic Patients : A Psycho-Educational Approach. *Schizophrenia Bulletin*, 6(3), 490-505.

Andreasen, N.C. (1979). Thought, Language, and Communication Disorders : I. Clinical Assessment, Definition of Terms, and Evaluation of their Reliability. *Archives of General Psychiatry*, 36(12), 1315-1321.

Angermeyer, M.C. & Finzen, C. (1984). *Die Angehörigengruppe*. Stuttgart : Enke.

Arnold, S.E., Hyman, B.T., van Hoesen, G.W. & Damasio, A.R. (1991). Some Cytoarchitectural Abnormalities of the Entorhinal Cortex in Schizophrenia. *Archives of General Psychiatry*, 48(7), 625-632.

Asarnow, R.F. & MacCrimmon, D.J. (1978). Residual Performance Deficit in Clinically Remitted Schizophrenics : A Marker of Schizophrenia? *Journal of Abnormal Psychology*, 87, 597-608.

Beck, A.T. (1976). *Cognitive Therapy and the Emotional Disorders*. New York : International Universities Press.

Bellack, A.S. (sous presse). Social Skills Deficits and Social Skills Training : New Developments and Trends. *British Journal of Psychiatry*.

Bellack, A.S. & Mueser, K.T. (1993). Psychosocial Treatment for Schizophrenia. *Schizophrenia Bulletin*, 19(2), 317-336.

Benton, A.L. (1965). *Test de rétention visuelle*. Paris : Editions du Centre de Psychologie Appliquée (édition révisée, édition originale : 1955).

Berndl, K., Grüsser, O.J., Martin, M. & Remschmidt, H. (1986a). Comparative Studies on Recognition of Faces, Mimic and Gestures in Adolescent and Middle-aged Schizophrenic Patients. *European Archives of Psychiatry and Neurological Sciences*, 236(2), 123-130.

Berndl, K., von Cranach, M. & Grüsser, O.J. (1986b). Impairment of Perception and Recognition of Faces, Mimic Expression and Gestures in Schizophrenic Patients. *European Archives of Psychiatry and Neurological Sciences*, 235(5), 282-291.

Berze, J. & Gruhle, H.W. (1929). *Psychologie der Schizophrenie*. Berlin : Springer.

Bleuler, E. (1911). *Dementia praecox oder die Gruppe der Schizophrenien*. Leipzig : Deuticke.

Blumenthal, S., Bell, V., Schüttler, R. & Vogel, R. (1993). Ausprägung und Entwicklung von Basissymptomen bei schizophrenen Patienten nach einem kognitiven Therapieprogramm. *Schizophrenie, 1*, 20-28.

Bogerts, B. (1989). Limbic and Paralimbic Pathology in Schizophrenia : Interaction with Age- and Stress-Related Factors. *In* S.C. Schulz & C.A. Tamminga (Eds), *Schizophrenia : Scientific Progress*. New York : Oxford University Press.

Bogerts, B. (1990). Pathophysiologische und pathomorphologische Aspekte bei schizophrenen Psychosen. *In* K. Heinrich & B. Bogerts (Eds), *8. Düsseldorfer Symposium*. Stuttgart : Schattauer.

Bogerts, B., Meertz, E. & Schonfeldt-Bausch, R. (1985). Basal Ganglia and Limbic System Pathology in Schizophrenia : A Morphometric Study of Brain Volume and Shrinkage. *Archives of General Psychiatry, 42*(8), 784-791.

Bowen, L., Wallace, C.J., Glynn, S.M., Nuechterlein, K.H., Lutzker, J.R. & Kuehnel, T.G. (1995). *Relationships among Schizophrenic Patients on Attentional Deficits, Social Problem-Solving and Performance in Psycho-Educational Rehabilitation Tasks*. Manuscrit en préparation.

Braff, D.L. (1985). Attention, Habituation, and Information Processing in Psychiatric Disorders. *In* J.O. Cavenar (Ed.), *Psychiatry III*. Philadelphia : Lippincott.

Braff, D.L. & Sacuzzo, D.P. (1981). Slowness of Information Processing in Schizophrenia : A Two Factor Deficit Theory. *American Journal of Psychiatry, 138*, 1051-1056.

Brenner, H.D. (1979). Experimentalpsychologische Untersuchungen zur Verwertung früherer Erfahrungen bei chronisch Schizophrenen. *In* L. Eckensberger (Ed.), *31. Kongress der Deutschen Gesellschaft für Psychologie*. Göttingen : Hogrefe.

Brenner, H.D. (1983). Die Bedeutung experimentalpsychologischer Forschung für Theorie und Therapie der Schizophrenie. *In* H.D. Brenner, E.R. Rey & W.G. Stramke (Eds), *Empirische Schizophrenieforschung*. Bern : Huber.

Brenner, H.D. (1986). Zur Bedeutung von Basisstörungen für Behandlung und Rehabilitation. *In* W. Böker & H.D. Brenner (Eds), *Bewältigung der Schizophrenie. Multidimensionale Konzepte, psychosoziale und kognitive Therapien, Angehörigenarbeit und autoprotektive Anstrengungen* (p. 142-158). Bern : Hans Huber.

Brenner, H.D. (1989). The Treatment of Basic Psychological Dysfunctions from a Systemic Point of View. *British Journal of Psychiatry, 155*(Suppl. 5), 74-83.

Brenner, H.D., Boeker, W., Hodel, B. & Wyss, H. (1989). Cognitive Treatment of Basic Pervasive Dysfunctions in Schizophrenia. *In* S.C. Schulz & C.A. Tamminga (Eds), *Schizophrenia : Scientific Progress* (p. 338-344). New York : Oxford University Press.

Brenner, H.D. & Hodel, B. (1990). Information Processing in Schizophrenia : A Clinical Approach. *In* C. Stefanis, A. Rabavilas & C.R. Soldatos (Eds), *Psychiatry : A World Perspective. Vol. 1* (p. 293-298). Amsterdam : Excerpta Medica.

Brenner, H.D., Hodel, B. & Giebeler, U. (sous presse). Stand der kognitiven Therapien bei schizophrenen Patienten. *Schizophrenie : Sonderband (2)*. GFTS.

Brenner, H.D., Hodel, B., Kube, G. & Roder, V. (1987). Kognitive Therapie bei Schizophrenen : Problemanalyse und empirische Ergebnisse. *Nervenarzt, 58*(2), 72-83.

Brenner, H.D., Hodel, B., Roder, V. & Corrigan, P. (1992). Treatment of Cognitive Dysfunctions and Behavioral Deficits in Schizophrenia. *Schizophrenia Bulletin, 18*(1), 21-26.

Brenner, H.D., Kraemer, S., Hermanutz, M. & Hodel, B. (1990). Intervention Programs : Cognitive, Social and Emotional Disturbances in Schizophrenia. *In* E. Straube & K. Hahlweg (Eds), *Schizophrenia. Concepts, Vulnerability and Intervention*. New York : Springer.

Brenner, H.D., Roder, V., Hodel, B., Kienzle, N., Reed, D. & Liberman, R.P. (1994). *Integrated Psychological Therapy for Schizophrenic Patients (IPT)*. Toronto : Hogrefe.

Brickenkamp, R. (1978). *Test d2, Aufmerksamkeits-Belastungs-Test*. Göttigen : Hogrefe.

Broen, W.E. (1968). *Schizophrenia. Research and Theory*. New York : Academic Press.

Brown, R., Colter, N., Corsellis, J.A.N., Crow, T.J., Frith, C.D., Jagoe, R., Johnstone, E.C. & Marsh, L. (1986). Postmortem Evidence of Structural Brain Changes in Schizophrenia : Differences in Brain Weight, Temporal Horn Area, and Parahippocampal Gyrus Compared with Affective Disorder. *Archives of General Psychiatry, 43*(1), 36-42.

Bruton, C.J., Crow, T.J., Frith, C.D., Johnstone, E.C., Owens, D.G.C. & Roberts, G.W. (1990). Schizophrenia and the Brain : A Prospective Clinico-neuropathological Study. *Psychological Medicine, 20*, 285-304.

Burrows, G.D., Norman, T.R. & Rubinstein, G. (1986). *Handbook of Studies on Schizophrenia*. Amsterdam, New York : Elsevier.

Carpenter, W.T. (1988). Treatment, Services and Environmental Factors. *Schizophrenia Bulletin, 14*(3), 427-437.

Chaika, E. (1982). Thought Disorder or Speech Disorder in Schizophrenia? *Schizophrenia Bulletin, 8*(4), 587-591.

Christoff, K.A., Scott, W.O.N., Kelley, M.C., Schlundt, D., Baer, G. & Kelly, J.A. (1985). Social Skills and Social Problem-Solving Training for Shy Young Adolescents. *Behavior Therapy, 16*, 468-477.

Ciompi, L. (1981). Wie können wir die Schizophrenen besser behandeln? Eine Synthese neuer Krankheits- und Therapiekonzepte. *Nervenarzt, 52*, 506-515.

Ciompi, L. (1982). *Affektlogik*. Stuttgart : Klett-Cotta.

Ciompi, L. (1984). Modellvorstellungen zum Zusammenwirken biologischer und psychosozialer Faktoren in der Schizophrenie. *Fortschritte der Neurologie Psychiatrie, 52*(6), 200-206.

Clare, A.W. & Cairns, V.E. (1978). Design, Development and Use of a Standardized Interview to Assess Social Maladjustment and Dysfunction in Community Studies. *Psychological Medicine, 8*(4), 589-604.

Cleghorn, J.M. & Albert, M.L. (1990). Modular Disjunction in Schizophrenia : A Framework for a Pathological Psychophysiology. *In* A. Kales, C.N. Stefanis & J.A. Talbott (Eds), *Recent Advances in Schizophrenia*. New York : Springer.

Coche, E. & Douglas, A.A. (1977). Therapeutic Effects of Problem Solving Training and Playreacting Groups. *Journal of Clinical Psychology, 33*, 820-827.

Coche, E. & Flick, A. (1975). Problem Solving Training Groups for Hospitalized Psychiatric Patients. *Journal of Psychology, 91*, 19-29.

Corrigan, P., Green, M.F. & Toomey, R. (sous presse). Cognitive Dysfunctions and Psychosocial Skill Learning in Schizophrenia. *Behavior Therapy*.

Corrigan, P.W., Wallace, C.J. & Green, M.F. (1992). Deficits in Social Schemata in Schizophrenia. *Schizophrenia Research, 8*(2), 129-135.

Crow, T.J., Ball, J., Bloom, S.R., Brown, R., Bruton, C.J., Colter, N., Frith, C.D., Johnstone, E.C., Owens, D.G.C. & Roberts, G.W. (1989). Schizophrenia as an Anomaly of Development of Cerebral Asymmetry : A Postmortem Study and a Proposal Concerning the Genetic Basis of the Disease. *Archives of General Psychiatry, 46*(12), 1145-1150.

D'Zurilla, T.J. (1985). Problem Solving : Still a Promising Treatment Strategy for Agoraphobia. *Behavior Therapy, 16*, 545-548.

D'Zurilla, T.J. & Goldfried, M.R. (1971). Problem Solving and Behavior Modification. *Journal of Abnormal Psychology, 78*, 107-126.

Damasio, A.R. (1989). Multiregional Retroactivation : A System Level Proposal for the Neural Substrates of Recall and Recognition. *Cognition, 33*, 25-62.

Dawson, M.E. & Nuechterlein, K.H. (1984). Psychophysiological Dysfunctions in the Developmental Course of Schizophrenic Disorders. *Schizophrenia Bulletin, 10*(2), 204-232.

De Lisi, L.E., Holcomb, H.H., Cohen, R.M., Pickar, D., Carpenter, W., Morihisa, J.M., King, C., Kessler, R. & Buchsbaum, M.S. (1985). Positron Emission Tomography in Schizophrenic Patients with and without Neuroleptic Medication. *Journal of Cerebral Blood Flow and Metabolism, 5*, 201-206.

Doane, J.A., West, K.L., Goldstein, M.J., Rodnick, E.H. & Jones, J.E. (1981). Parental Communication Deviance and Affective Style : Predictors of Subsequent Schizophrenia Spectrum Disorders in Vulnerable Adolescents. *Archives of General Psychiatry, 38*(6), 679-685.

Dörner, D. (1984). Denken, Problemlösen und Intelligenz. *Psychologische Rundschau, 35*(1), 264-285.

Dörner, D. & Kreuzig, H.W. (1983). Problemlösefähigkeit und Intelligenz. *Psychologische Rundschau, 34*, 185-192.

Fahrenberg, J., Kuhn, M., Kulick, B. & Myrtek, M. (1977). Repeated Psychological Measurement. *Diagnostica, 23*, 15-36.

Falloon, I.R.H. (1986). Kognitive und verhaltenstherapeutische Beeinflussungsmöglichkeiten der Selbstkontrolle Schizophrener. *In* W. Böker & H.D. Brenner (Eds), *Bewältigung der Schizophrenie. Multidimensionale Konzepte, psychosoziale und kognitive Therapien, Angehörigenarbeit und autoprotektive Anstrengungen* (p. 189-199). Bern : Hans Huber.

Falloon, I.R.H., Boyd, J.L., McGill, G.W., Williamson, M., Razani, J., Moss, H., Gilderman, A.M. & Simpson, G.M. (1985). Family Management in the Prevention of Morbidity of Schizophrenia : Clinical Outcome of a Two-Year Longitudinal Study. *Archives of General Psychiatry, 42*(9), 887-896.

Farley, R.C. (1984). Training in Rational Behavior Problem Solving and Employability enhancement of Rehabilitation Clients. *Rehabilitation Counseling Bulletin, 28*, 117-124.

Feinberg, T.E., Rifkin, A., Schaffer, C. & Walker, E. (1986). Facial Discrimination and Emotional Recognition in Schizophrenia and Affective Disorders. *Archives of General Psychiatry, 43*(3), 276-279.

Fiedler, P.A. & Buchkremer, G. (1982). Differentielle Psychotherapie bei Patienten mit schizophrenen Störungen. *In* F. Reimer (Ed.), *Verhaltenstherapie in der Psychiatrie* (p. 99-110). Weinsberg : Weissenhof.

Frederiksen, N. (1984). Implications of Cognitive Therapy for Instruction in Problem Solving. *Revue of Educational Research, 54*(3), 363-407.

Friedrich, W. & Hennig, W. (1988). *Der sozialwissenschaftliche Forschungsprozess*. Berlin : VEB.

George, L. & Neufeld, R.W. (1985). Cognition and Symptomatology in Schizophrenia. *Schizophrenia Bulletin, 11*(2), 264-285.

Gessler, S., Cutting, J., Frith, C.D. & Weinmann, J. (1989). Schizophrenic Inability to Judge Facial Emotion : A Controlled Study. *British Journal of Clinical Psychology, 28*, 19-29.

Gibson, J.J. (1950). *The Perception of the Visual World*. Boston : Mifflin.

Gittelman-Klein, R. & Gittelman, D.F. (1969). Premorbid Social Adjustment and Prognosis in Schizophrenia. *Journal of Psychiatric Research, 7*, 35-53.

Gjerde, P.F. (1983). Attention Capacity Dysfunction and Arousal in Schizophrenia. *Psychological Bulletin, 93*, 57-72.

Goldberg, T.E., Berman, K.F. & Weinberger, D.R. (1995). Neuropsychology and Neurophysiology of Schizophrenia. *Current Opinion in Psychiatry, 1*, 34-40.

Goldstein, M.J. & Doane, J.A. (1982). Family Factors in the Onset, Course, and Treatment of Schizophrenic Spectrum Disorders : An Update on Current Research. *Journal of Nervous and Mental Disease, 170*(11), 692-700.

Green, M.F. (1993). Cognitive Remediation in Schizophrenia : Is it Time yet? *American Journal of Psychiatry, 150*(2), 178-187.

Green, M.F. & Hellman, S. (sous presse). Feasibility Studies of Cognitive Remediation in Schizophrenia : Grasping the Little Picture. *British Journal of Psychiatry.*

Green, M.F., Satz, P., Ganzell, S. & Vaclav, J.F. (1992). Wisconsin Card Sorting Test Performance in Schizophrenia : Remediation of a Stubborn Deficit. *American Journal of Psychiatry, 149*(1), 62-67.

Greenberg, L.S. & Safran, J.D. (1987). *Emotion in Psychotherapy.* New York : Guilford Press.

Greeno, J.G. (1980). Trends in the Theory of Knowledge for Problem Solving. *In* D.T. Tuma & R. Reif (Eds), *Problem Solving and Education. Issues in Teaching and Research.* Hillsdale, NJ : Erlbaum.

Grove, W.M. & Andreasen, N.C. (1985). Language and Thinking in Psychosis : Is there an Input Abnormality ? *Archives of General Psychiatry, 42*(1), 26-32.

Hansen, D.J., Lawrence, J.P.S. & Christoff, K.A. (1985). Affects of Interpersonal Problem-Solving Training with Chronic Aftercare Patients on Problem-Solving Component Skills and Effectiveness of Solutions. *Journal of Consulting and Clinical Psychology, 53*(2), 167-174.

Harris, A., Ayers, T. & Leek, M.R. (1985). Auditory Span of Apprehension Deficits in Schizophrenia. *Journal of Nervous and Mental Disease, 173*, 650-657.

Hartwich, P. (1983). Kognitive Störungen bei Schizophrenen. *Nervenarzt, 54*(9), 455-466.

Hellman, S., Green, M.F., Kern, R.S. & Christenson, C.D. (1992). The Effects of Instruction versus Reinforcement on the Wisconsin Card Sorting Test. *Journal of Clinical and Experimental Neuropsychology, 14*, 63.

Hemsley, D.R. (1977). What have Cognitive Deficits to do with Schizophrenic Symptoms ? *British Journal of Psychiatry, 130*, 167-173.

Hermanutz, M. & Gestrich, J. (1987). Kognitives Training mit Schizophrenen : Beschreibung des Trainings und Ergebnisse einer kontrollierten Therapiestudie. *Nervenarzt, 58*(2), 91-96.

Hodel, B. (1983). *Untersuchung zur sozialen Wahrnehmung schizophrener Patienten. Ein Therapieprogramm.* Lizentiatsarbeit, Psychologisches Institut, Universität Bern.

Hodel, B. (1993). *Zur Frage der Pervasivität von kognitiven und sozialen Interventionen bei schizophrenen Patienten.* Inauguraldissertation an der Philosophisch-historischen Fakultät der Universität Bern. Visp : Mengis Druck.

Hodel, B. & Brenner, H.D. (1988, février). *Die Wirkung kognitiver Interventionen auf die Verhaltensebene bei Schizophrenen.* Papier présenté au Kongress für klinische Psychologie und Psychotherapie. Berlin.

Hodel, B. & Brenner, H.D. (sous presse-a). Cognitive Therapy with Schizophrenic Patients : Conceptual Base, Present State, Future Directions. *Acta Psychiatrica Scandinavica.*

Hodel, B. & Brenner, H.D. (sous presse-b). Developing Integrated Psychological Therapy for Schizophrenic Patients (IPT) : First Results of Emotional Management. *British Journal of Psychiatry.*

Hodel, B., Brenner, H.D. & Merlo, M. (1990). Cognitive and Social Training for Schizophrenic Patients : A Comparison between two Types of Therapeutic Interventions. *In* C. Stefanis, A. Rabavilas & C.R. Soldatos (Eds), *Psychiatry : A World Perspective. Vol. 3* (p. 768-773). Amsterdam : Excerpta Medica.

Hodel, B., Zanello, A. & Brenner, H.D. (1995). Zur Weiterentwicklung des Integrierten Psychologischen Therapieprogrammes für schizophrene Patienten (IPT) : Eine Vergleichsstudie zwischen der Neuentwicklung «Bewältigung von maladaptiven Emotionen» und dem IPT-Unterprogramm «Kognitive Differenzierung». *Schizophrenie-Sonderband*. Osnabrück : GFTS.

Huber, G. (1983). Das Konzept substratnaher Basissymptome und seine Bedeutung für Theorie und Therapie schizophrener Erkrankungen. *Nervenarzt, 54*(1), 23-32.

Huber, G., Gross, G. & Schüttler, R. (1979). *Schizophrenie*. Heidelberg : Springer.

Hussy, W. (1985). Komplexes Problemlösen - eine Sackgasse ? *Zeitschrift für Experimentelle und Angewandte Psychologie, 32*(1), 55-74.

Jakob, H. & Beckmann, H. (1986). Prenatal Developmental Disturbances in the Limbic Allocortex in Schizophrenics. *Journal of Neural Transmission, 65*, 303-326.

Janzarik, W. (1959). *Dynamische Grundkonstellationen in endogenen Psychosen*. Berlin : Springer.

Janzarik, W. (1983). Basisstörungen. *Nervenarzt, 54*, 122-130.

Käsermann, M.L. (1983). Form und Funktion Schizophrener Sprachstörungen. *Sprache und Kognition, 3*, 132-147.

Käsermann, M.L. (1986). Dialoge zwischen Psychiatriepatienten und Arzt : Missverständnisse verstehen lernen. *Uni Press, 49*, 12-15.

Käsermann, M.L. (1993). Communicative Behavior in Schizophrenia. *In* G. Blanken, J. Dittmann, H. Grimm, J.C. Marshall & C.W. Wallesh (Eds), *Linguistic Disorders and Pathologies*. Berlin : Gruyter.

Kanfer, F.H. & Busemeyer, J.R. (1982). The Use of Problem Solving and Decision Making in Behavior Therapy. *Clinical Psychology Review, 2*, 239-266.

Katschnig, H. & Koniezcna, T. (1984). Typen der Angehörigenarbeit in der Psychiatrie. *Psychiatrische Praxis, 11*, 137-142.

Kelly, J.A. & Lamparski, D.M. (1985). Outpatient Treatment of Schizophrenia, Social Skills and Problem Solving Training. *In* M. Hersen & A.S. Bellack (Eds), *Handbook of Clinical Behavior Therapy with Adults*. New York : Plenum Press.

Kern, R.S., Green, M.F. & Goldstein, M.J. (sous presse). Can we modify an Indicator of Vulnerability to Schizophrenia. *Schizophrenia Bulletin*.

Kern, R.S., Green, M.F. & Satz, P. (1992). Neuropsychological Predictors of Skills Training for Chronic Psychiatric Patients. *Psychiatry Research, 43*(3), 223-230.

Kernberg, O. (1981). *Objektbeziehungen und Praxis der Psychoanalyse*. Stuttgart : Klett-Cotta.

Kirkpatrick, B. & Buchanan, R.W. (1990). The Neural Basis of the Deficit Syndrome of Schizophrenia. *Journal of Nervous and Mental Disease, 178*(9), 545-555.

Knight, R.A. (1984). Converging Models of Cognitive Deficits in Schizophrenia. *In* W.D. Spaulding & J.K. Cole (Eds), *Theories of Schizophrenia and Psychosis*. Lincoln : University of Nebraska Press.

Knight, R.A. & Sims-Knight, J.E. (1980). Integration of Visual Patterns in Schizophrenics. *Journal of Abnormal Psychology, 89*, 623-634.

König, F., Otto, J., Holling, H. & Liepmann, D. (1980). Das Konzept der Problemlösefähigkeit in der Psychotherapie. Theoretische Grundlagen und Empirische Analyse eines Fragebogens zum Problemlösen. *In* W. Schulz & M. Hautzinger (Eds), *Klinische Psychologie und Psychotherapie : Bd 2. Indikation, Diagnostik, Psychotherapieforschung*. Tübingen : DGVT/GWG.

Konen, A., Neis, L., Hodel, B., Brenner, H. D. (1993). A propos des thérapies cognitivo-comportementales de la schizophrénie. Le programme intégratif de thérapies psychologiques (IPT). *L'Encéphale, XIX*, 47-55.

Koukkou-Lehmann, M., Tremel, E. & Manske, W. (1991). Psychobiological Models of the Pathogenesis of Schizophrenic Symptoms. *International Journal of Psychophysiology*, *10*, 203-212.

Kraemer, S., Sulz, K.H., Schmid, R. & Lässle, R. (1987). Kognitive Therapie bei standardversorgten schizophrenen Patienten. *Nervenarzt*, *58*(2), 84-90.

Kraemer, S., Zinner, H.-J. & Möller, H.J. (1991). Kognitive Therapie und Sozialtraining : Vergleich zweier verhaltenstherapeutischer Behandlungskonzepte für chronisch schizophrene Patienten. In R. Schüttler (Ed.), *Theorie und Praxis kognitiver Therapieverfahren bei schizophrenen Patienten*. München : Zuckschwerdt.

Kraepelin, E. (1913). *Psychiatrie. Bd. 3. Klinische Psychiatrie, II. Teil*. Leipzig : Barth.

Krause, W. (1982a). Problemlösen - Stand und Perspektiven, Teil I. *Zeitschrift für Psychologie*, *190*, 17-36.

Krause, W. (1982b). Problemlösen - Stand und Perspektiven, Teil II. *Zeitschrift für Psychologie*, *190*, 141-169.

Kruskal, J.B. (1977). *The MDS(X) Series of Multidimensional Scaling Programs. MINISSA Program*. Inter University Research Councils Series, Report no 32.

Kukla, F. (1980). Zum Konzept der Informationsverarbeitung bei der Untersuchung und Erklärung kognitiver Störungen. Ein Ueberblick unter besonderer Berücksichtigung der Schizophrenie. *Ergebnisse der Psychologie*, *73*, 75-94.

Lang, P.J. & Buss, A.H. (1965). Psychological Deficit in Schizophrenia. II : Interference and Activation. *Journal of Abnormal Psychology*, *70*, 77-106.

Lanin Kettering, I. & Harrow, M. (1985). The Thought behind the Words : A View of Schizophrenic Speech and Thinking Disorders. *Schizophrenia Bulletin*, *11*(1), 1-7.

Lazarus, R.S. (1991). *Emotion and Adaptation*. New York : Oxford University Press.

Liberman, R.P. & Eckman, T.A. (1989). Dissemination of Skills Training Modules to Psychiatric Facilities : Overcoming Obstacles to the Utilisation of a Rehabilitation Innovation. *British Journal of Psychiatry*, *155*(Suppl 5), 117-122.

Liberman, R.P., Jacobs, H.E., Boone, S.E., Foy, D.W., Donahoe, C.P., Falloon, I.R.H., Blackwell, G. & Wallace, C.J. (1986). Fertigkeitentraining zur Anpassung Schizophrener an die Gemeinschaft. In W. Böker & H.D. Brenner (Eds), *Bewältigung der Schizophrenie. Multidimensionale Konzepte, psychosoziale und kognitive Therapien, Angehörigenarbeit und autoprotektive Anstrengungen* (p. 96-112). Bern : Hans Huber.

Liberman, R.P., Nuechterlein, K.H. & Wallace, C.J. (1982). Social Skills Training and the Nature of Schizophrenia. In J.P. Curran & P.M. Monti (Eds), *Social Skills Training : A Practical Handbook for Assessment and Treatment*. New York : Guilford.

Liberman, R.P., Wallace, C.J., Blackwell, G., Eckman, T.A., Vaccaro, J.V. & Kuehnel, T.G. (1993). Innovations in Skills Training for the Seriously Mentally Ill : the UCLA Social and Independent Living Skills Modules. *Innovations and Research*, *2*, 43-60.

MacFarlane, W.R. (Ed.) (1983). *Family Therapy in Schizophrenia*. New York : Guilford Press.

Maher, B. (1972). The Language of Schizophrenia : A Review and Interpretation. *British Journal of Psychiatry*, *120*, 3-17.

Mandal, M.K. & Gewali, H. (1989). Identification of Brief Presentations of Facial Expressions of Affects in Schizophrenics. *International Journal of Psychology*, *24*, 605-616.

Mandal, M.K. & Palchoudhury, S. (1989). Identifying the Components of Facial Emotion and Schizophrenia. *Psychopathology*, *22*, 295-300.

Mandal, M.K. & Rai, A. (1986). Responses to Facial Emotion and Psychopathology. *Psychiatry Research*, *20*, 317-323.

May, P.R.A. & Goldberg, S.C. (1978). Prediction of Schizophrenic Patients Response to Pharmacotherapy. In M.A. Lipton, A. Di Marcio & K.F. Killman (Eds), *Psychopharmacology : A Generation of Progress*. New York : Raven Press.

McGhie, A. & Chapman, J. (1961). Disorders of Attention and Perception in Early Schizophrenia. *British Journal of Medical Psychology, 34*, 103-116.

Mednick, S.A. & Schulsinger, F. (1968). Some Premorbid Characteristics Related to Breakdown in Children with Schizophrenic Mothers. *In* D. Rosenthal & S.S. Kety (Eds), *The Transmission of Schizophrenia.* New York : Pergamon Press.

Meichenbaum, D. & Cameron, R.C. (1973). Training Schizophrenics to Talk to Themselves : A Mean of Developing Attentional Controls. *Behavior Therapy, 4*, 515-534.

Möller, H.J. (1988). Neuere Ergebnisse zur Prognostik und neuroleptischen Behandlung schizophrener Psychosen. *In* S. Haas & B. Ende-Scharf (Eds), *Psychiatrie-Symposium des Psychiatrischen Krankenhauses Eichberg.*

Moss, H.B., Falloon, I.R.H., Boyd, J.C. & McGill, C.W. (1982). Strategies of Behavioral Family Therapy in the Community Treatment of Schizophrenia. *International Journal of Family Psychiatry, 3*(3), 289-299.

Müller, C. (1984, octobre). *Die Behandlung chronischer Schizophrener.* Conférence présentée au Kongress der Deutschen Gesellschaft für Psychiatrie und Nervenheilkunde. Tübingen.

Mussgay, L. & Olbrich, R. (1988). Trainingsprogramme in der Behandlung kognitiver Defizite Schizophrener. *Zeitschrift für Klinische Psychologie, 17*(4), 341-353.

Neale, J.M., Oltmanns, T.F. & Harvey, P.D. (1985). The Need to Relate Cognitive Deficits to Specific Behavioral Referents of Schizophrenia. *Schizophrenia Bulletin, 11*(2), 286-291.

Neis, L. & Jurth, R. (1983). *La Liste des plaintes (FBF2), un questionnaire d'autoévaluation pour le patient schizophrène (adaptation française).* Rapport n° 36. Fribourg : Institut de psyhologie de l'Université de Fribourg.

Neis, L. & Süllwold, L. (1983). *La Liste des plaintes (FBF2), un questionnaire d'autoévaluation pour le patient schizophrène (manuel d'application).* Rapport n° 37. Fribourg : Institut de psyhologie de l'Université de Fribourg.

Nezu, A.M. (1986). Efficacy of a Social Problem-Solving Therapy Approach for Unipolar Depression. *Journal of Consulting and Clinical Psychology, 54*(2), 196-202.

Novic, J., Luchins, D.J. & Perline, R. (1984). Facial Affect Recognition in Schizophrenia : Is there a Differential Deficit? *British Journal of Psychiatry, 144*, 533-537.

Nuechterlein, K.H. & Dawson, M.E. (1984a). A Heuristic Vulnerability/Stress Model of Schizophrenic Episodes. *Schizophrenia Bulletin, 10*(2), 300-312.

Nuechterlein, K.H. & Dawson, M.E. (1984b). Information Processing and Attentional Functioning in the Developmental Course of Schizophrenic Disorders. *Schizophrenia Bulletin, 10*(2), 160-203.

Nuechterlein, K.H. & Dawson, M.E. (1985). Increased Critical Stimulus Duration : Vulnerability or Episode Indicator? *Schizophrenia Bulletin, 11*(3), 344-346.

Oehman, A. (1981). Electrodermal Activity and Vulnerability to Schizophrenia : A Review. *Biological Psychology, 12*, 87-145.

Olbrich, R. (1983). Expressed Emotion (EE) und die Auslösung schizophrener Episoden : eine Literaturübersicht. *Nervenarzt, 54*(3), 113-121.

Olbrich, R. (1986, octobre). *Expressed Emotions und Vulnerabilitätskonzepte der zeitgenössischen Forschung : Ihr gegenwärtiger wissenschaftlicher Status und ihre Relevanz für die Psychosenbehandlung.* Conférence présentée au Kongress der Deutschen Gesellschaft für Psychiatrie und Nervenheilkunde. Bayreuth.

Organisation Mondiale de la Santé (1988). *Psychiatric Disability Assessment Schedule.* Genève : OMS.

Osborn, A.F. (1963). *Applied Imagination* (3ᵉ édition). New York : Scribners.

Overall, J.E. & Gorham, D.R. (1962). The Brief Psychiatric Rating Scale. *Psychological Report, 10*, 799-812.

Pakkenberg, B. (1987). Post-mortem Study of Chronic Schizophrenic Brains. *British Journal of Psychiatry, 151*, 744-752.

Pekala, R.J., Siegel, J.M. & Farrar, D.M. (1985). The Problem-Solving Support Group : Structured Group Therapy with Psychiatric Inpatients. *International Journal of Group Psychotherapy, 35*(3), 391-409.

Perris, C. (1989). *Cognitive Therapy with Schizophrenic Patients.* New York : Guilford Press.

Persons, J.B. & Baron, J. (1985). Process Underlying Formal Thought Disorder in Psychiatric Inpatients. *Journal of Nervous and Mental Disease, 173*(11), 667-676.

Piaget, J. (1976). *L'équilibration des structures cognitives, problème central du développement.* Paris : PUF.

Pichot, P., Overall, J.E. & Gorham, D.R. (1967). *Echelle abrégée d'appréciation psychiatrique.* Paris : CPA.

Pishkin, V. & Williams, W.V. (1984). Redundancy and Complexity of Information in Cognitive Performances of Schizophrenic and Normal Individuals. *Journal of Abnormal Psychology, 90*, 197-203.

Platt, J.J., Siegel, J.M. & Spivack, G. (1975). Do Psychiatric Patients and Normals see the Same Solutions as Effective in Solving Interpersonal Problems. *Journal of Consulting and Clinical Psychology, 43*, 279.

Platt, J.J. & Spivack, G. (1972a). Problem Solving Thinking of Psychiatric Patients. *Journal of Consulting and Clinical Psychology, 39*, 148-151.

Platt, J.J. & Spivack, G. (1972b). Social Competence and Affective Problem-Solving Thinking in Psychiatric Patients. *Journal of Clinical Psychology, 28*, 3-6.

Plaum, E. (1980). *Kognitive Störungen bei Schizophrenen.* 22. Internationaler Kongress für Psychologie. Leipzig.

Plutchik, R. (1980). Emotions and Psychotherapy. *In* R. Plutchik & H. Kellerman (Eds), *Emotion, Psychopathology, and Psychotherapy.* San Diego : Academic Press.

Poljakov, J. (1973). *Schizophrenie und Erkenntnistätigkeit.* Stuttgart : Hippokrates.

Posselt, C. (1989). *Evaluation zweier klinischer Therapieprogramme zur kognitiven und sozialen Rehabilitation von Schizophrenen.* Lizentiatsarbeit, Psychologisches Institut, Universität Bern.

Raven, J.C. (1956). *Progressive Matrices révisé* (A.A. Schützenberger, trad.). Issy-les-Moulineaux : Editions Scientifiques & Psychotechniques. (éd. originale : 1954).

Rey, E.R. (1978). Die Interferenzhypothese als Erklärung kognitiver Störungen. *Psychologische Rundschau, 29*, 113-122.

Roberts, G.W. (1991). Schizophrenia : A Neuropathological Perspective. *British Journal of Psychiatry, 158*, 8-17.

Roder, V. (1988). *Untersuchungen zur Effektivität kognitiver Interventionen mit schizophrenen Patienten.* Inauguraldissertation an der Philosophisch-historischen Fakultät der Universität Bern.

Roder, V. (1989, octobre). *Behavior and Problem Analysis in the Therapeutical Process with Psychiatric Patients.* Papier présenté au VIIIe Congrès mondial de psychiatrie. Athènes.

Roder, V., Brenner, H.D., Kienzle, N. & Hodel, B. (1988). *Integriertes psychologisches Therapieprogramm für schizophrene Patienten (IPT).* München-Weinheim : Psychologie Verlags Union.

Roder, V., Jenull, B., Brenner, H.D., Heimberg D., Hirsbrunner, A. (1995). Kognitive Verhaltenstherapie mit schizophren Erkrankten im Wohn-, Arbeits-und Freizeitbereich : erste Ergebnisse. *Verhaltenstherapie, 5*, 68-80.

Rosvold, K.E., Mirsky, A.F., Sarason, I., Bransome, E.D. & Beck, L.H. (1956). A Continuous Performance Test of Brain Damage. *Journal of Consulting Psychology, 20*, 343-350.

Ruckstuhl, U. (1981). *Schizophrenieforschung*. Weinheim : Beltz.

Russel, J.A. & Fehr, B. (1987). Relativity in the Perception of Emotion in Facial Expressions. *Journal of Experimental Psychology, General, 166*, 223-237.

Safran, J.D. & Greenberg, L.S. (1991). *Emotion, Psychotherapy and Change*. New York : Guilford.

Sandner, M. (1995). *Training zur Bewältigung maladaptiver Emotionen : eine kontrollierte Gruppenstudie*. Inauguraldissertation an der Medizinischen Fakultät der Universität Bern.

Saykin, A.J., Gur, R.C., Gur, R.E., Mozley, P.D., Mozley, D., Resnick, S.M., Kester, B. & Stafiniak, B. (1991). Neuropsychological Function in Schizophrenia : Selective Impairment in Memory and Learning. *Archives of General Psychiatry, 48*(7), 618-624.

Schulsinger, H. (1976). A Ten-year Follow-up of Children of Schizophrenic Mothers : A Clinical Assessment. *Acta Psychiatrica Scandinavica, 53*(5), 371-386.

Schwartz, S. (1978). Language and Cognition in Schizophrenia : A Review and Synthesis. *In* S. Schwartz (Ed.), *Language and Cognition in Schizophrenia* (p. 237-276). New York : Wiley.

Schwartz, S. (1982). Is there a Schizophrenic Language? *Behavioral and Brain Sciences, 5*, 579-626.

Selzer, M.A. (1983). Preparing the Chronic Schizophrenic for Exploratory Psychotherapy : The Role of Hospitalization. *Psychiatry, 46*, 303-311.

Shakow, D. (1962). Segmental Set : A Theory of the Formal Psychological Deficit in Schizophrenia. *Archives of General Psychiatry, 6*, 1-17.

Shakow, D. & McCormick, M.Y. (1965). Mental Set in Schizophrenia Studied in a Discrimination Setting. *Journal of Personality and Social Psychology, 1*, 88-95.

Siegel, J.M. & Spivack, G. (1976a). A New Therapy Program for Chronic Patients. *Behavior Therapy, 7*, 129-130.

Siegel, J.M. & Spivack, G. (1976b). Problem-Solving Therapy : the Description of a New Program for Chronic Psychiatric Patients. *Psychotherapy : Theory, Research and Practice, 13*, 368-373.

Simon, H.A. (1980). Problem Solving and Education. *In* D.T. Tuma & R. Reif (Eds), *Problem Solving and Education. Issues in Teaching and Research*. Hillsdale, NJ : Erlbaum.

Spaulding, W.D. (1992). Design Prerequisites for Research on Cognitive Therapy for Schizophrenia. *Schizophrenia Bulletin, 18*(1), 39-42.

Spaulding, W., Garbin, C.P. & Crinean, W.J. (1989). The Logical and Psychometric Prerequisites for Cognitive Therapy of Schizophrenia. *British Journal of Psychiatry, 155*(Suppl. 5), 69-73.

Spaulding, W.D., Penn, D. & Garbin, C. (sous presse). Cognitive Changes in the Course of Rehabilitation. *British Journal of Psychiatry, suppl.*

Spaulding, W., Storms, L., Goodrich, V. & Sullivan, M. (1986). Applications of Experimental Psychopathology in Psychiatric Rehabilitation. *Schizophrenia Bulletin, 12*(4), 160-203.

Spivack, G. & Shure, M.B. (1975). ICPS and Beyond : Centripetal and Centrifugal Forces. *American Journal of Community Psychology, 13*(3), 226-243.

Spohn, H.E. & Patterson, T. (1979). Recent Studies of Psychophysiology in Schizophrenia. *Schizophrenia Bulletin, 5*(4), 581-611.

Stierlin, H., Wynne, L.C. & Wirsching, M. (1985). *Psychotherapie und Sozialtherapie der Schizophrenie*. Berlin : Springer.

Strauss, J.S. & Carpenter, W.T. (1972). The Prediction of Outcome in Schizophrenia. I : Characteristics of Outcome. *Archives of General Psychiatry, 27*, 739-746.

Strauss, J.S. & Carpenter, W.T. (1974). The Prediction of Outcome in Schizophrenia. II : Relationships between Predictor and Outcome Variables. *Archives of General Psychiatry, 31*(1), 37-42.

Süllwold, L. (1977). *Symptome schizophrener Erkrankungen.* Berlin : Springer.

Süllwold, L. (1983). *Schizophrenie.* Stuttgart : Kohlhammer.

Süllwold, L. (1991). *Manual zum Frankfurter Beschwerde-Fragebogen (FBF).* Berlin : Springer.

Süllwold, L. & Herrlich, J. (1990). *Psychologische Behandlung schizophren Erkrankter.* Stuttgart : Kohlhammer.

Süllwold, L. & Herrlich, J. (1992). Providing Schizophrenic Patients with a Concept of Illness. An Essential Element of Therapy. *British Journal of Psychiatry, 161* (suppl. 18), 129-132.

Süllwold, L. & Huber, G. (1986). *Schizophrene Basistörungen.* Berlin : Springer.

Summerfelt, A.T., Alphs, L.D., Funderburk, F.R., Strauss, M.E. & Wagman, A.M.I. (1991). Impaired Wisconsin Card Sort Performance in Schizophrenia may reflect Motivational Deficits. *Archives of General Psychiatry, 48*, 282-283.

Theilemann, S. (1993). Beeinflussung kognitiver Störungen bei schizophrenen und schizoaffektiven Psychosen mit Hilfe kognitiver Therapie im Vergleich zur Soziotherapie. *Nervenarzt, 64*, 587-593.

Tress, W., Pfaffenberger, U. & Frommer, J. (1984). Zur Patholinguistik schizophrener Texte. *Nervenarzt, 55*(9), 488-495.

Vaughn, C.E. & Leff, J.P. (1976a). The Measurement of Expressed Emotions in the Families of Psychiatric Patients. *British Journal of Social and Clinical Psychology, 15*, 157-163.

Vaughn, C.E. & Leff, J.P. (1976b). The Influence of Family and Social Factors on the Course of Psychiatric Illness : A Comparison of Schizophrenic and Depressed Neurotic Patients. *British Journal of Psychiatry, 129*, 125-137.

Vogel, B. (1987). *Empirischer Vergleich und Evaluation der Auswirkungen zweier Therapiestufen eines Therapieprogrammes zum Training kognitiver und sozialer Fertigkeiten in der Rehabilitation chronisch schizophrener Patienten.* Diplomarbeit, Universität Konstanz.

Wagner, B.R. (1968). The Training of Attending and Abstracting Responses in Chronic Schizophrenics. *Journal of Experimental Research in Personality, 3*, 77-78.

Walker, E., McGuire, M. & Bettes, B. (1984). Recognition and Identification of Facial Stimuli by Schizophrenics and Patients with Affective Disorders. *British Journal of Clinical Psychology, 23*, 37-44.

Wallace, C.J. (1982). The Social Skills Training Project of the Mental Health Clinical Research Center for the Study of Schizophrenia. *In* J.P. Curran & P.M. Monti (Eds), *Social Skills Training : A Practical Handbook for Assessment and Treatment* (p. 57-89). New York : Guilford.

Weig, W. (1990). Institutionelle Probleme der Implementierung integrierter psychologischer Programme. *GFTS Mitteilungen, 5*(1), 24-27.

Wishner, J. & Wahl, O. (1974). Dichotic Listening in Schizophrenia. *Journal of Consulting and Clinical Psychology, 42*, 538-546.

Zanello, A., Hodel, B. & Eisele, R. (1994, octobre). *Improvare funzioni cognitivi in schizophrenia.* Papier présenté au Congrès pour les thérapies cognitives. Locarno.

Zubin, J. (1975). Problem of Attention in Schizophrenia. *In* M.L. Kietzman, S. Sutton & J. Zubin (Eds), *Experimental Approaches to Psychopathology.* New York : Academic Press.

Zubin, J., Magaziner, J. & Steinhauer, S.R. (1983). The Metamorphosis of Schizophrenia : From Chronicity to Vulnerability. *Psychological Medicine, 13*, 551-571.

Zubin, J. & Spring, B. (1977). Vulnerability : A New View of Schizophrenia. *Journal of Abnormal Psychology*, *86*, 103-126.

Table des matières

Préface à l'édition française 7
Préface à l'édition originale 11
Préface à l'édition anglaise 15
Note des auteurs 19

PREMIÈRE PARTIE
INTRODUCTION

Chapitre 1
Fondements théoriques 23
Hans Dieter Brenner

Chapitre 2
Instruments diagnostiques pour l'indication différentielle et l'évaluation de la thérapie 33
Volker Roder

Chapitre 3
Résultats des études empiriques 41
Bettina Hodel

DEUXIÈME PARTIE
DESCRIPTION DU PROGRAMME

Généralités et conseils pratiques 49

Sous-programme 1
Différenciation cognitive 63

Sous-programme 2
Perception sociale 87

Sous-programme 3
Communication verbale 97

Sous-programme 4
Compétences sociales 117

Sous-programme 5
Gestion des émotions 133

Sous-programme 6
Résolution de problèmes 145

TROISIÈME PARTIE
RÉFLEXIONS CRITIQUES ET PERSPECTIVES D'AVENIR

Réflexions critiques et perspectives d'avenir 165

Bibliographie 169

Imprimé en Belgique par Pierre Mardaga, Liège.

CHEZ LE MÊME ÉDITEUR

PSYCHOLOGIE ET SCIENCES HUMAINES
collection publiée sous la direction de MARC RICHELLE

1 Dr Paul Chauchard : LA MAITRISE DE SOI. *9ᵉ éd.*
7 Paul-A. Osterrieth : FAIRE DES ADULTES. *16ᵉ éd.*
9 Daniel Widlöcher : L'INTERPRETATION DES DESSINS D'ENFANTS. *13ᵉ éd.*
11 Berthe Reymond-Rivier : LE DEVELOPPEMENT SOCIAL DE L'ENFANT ET DE L'ADOLESCENT. *13ᵉ éd.*
22 H.T. Klinkhamer-Steketée : PSYCHOTHERAPIE PAR LE JEU. *4ᵉ éd.*
24 Marc Richelle : POURQUOI LES PSYCHOLOGUES? *6ᵉ éd.*
25 Lucien Israel : LE MEDECIN FACE AU MALADE. *5ᵉ éd.*
26 Francine Robaye-Geelen : L'ENFANT AU CERVEAU BLESSE. *2ᵉ éd.*
27 B.F. Skinner : LA REVOLUTION SCIENTIFIQUE DE L'ENSEIGNEMENT. *3ᵉ éd.*
29 J.C. Ruwet : ETHOLOGIE : BIOLOGIE DU COMPORTEMENT. *3ᵉ éd.*
38 B.-F. Skinner : L'ANALYSE EXPERIMENTALE DU COMPORTEMENT. *2ᵉ éd.*
40 R. Droz et M. Rahmy : LIRE PIAGET. *7ᵉ éd.*
42 Denis Szabo, Denis Gagné, Alice Parizeau : L'ADOLESCENT ET LA SOCIETE. *2ᵉ éd.*
43 Pierre Oléron : LANGAGE ET DEVELOPPEMENT MENTAL. *2ᵉ éd.*
45 Gertrud L. Wyatt : LA RELATION MERE-ENFANT ET L'ACQUISITION DU LANGAGE. *2ᵉ éd.*
49 T. Ayllon et N. Azrin : TRAITEMENT COMPORTEMENTAL EN INSTITUTION PSYCHIATRIQUE
52 G. Kellens : BANQUEROUTE ET BANQUEROUTIERS
55 Alain Lieury : LA MEMOIRE
58 Jean-Marie Paisse : L'UNIVERS SYMBOLIQUE DE L'ENFANT ARRIERE MENTAL
59 Jacques Van Rillaer : L'AGRESSIVITE HUMAINE
61 Jérôme Kagan : COMPRENDRE L'ENFANT
62 Michel S. Gazzaniga : LE CERVEAU DEDOUBLE
64 X. Seron, J.L. Lambert, M. Van der Linden : LA MODIFICATION DU COMPORTEMENT
65 W. Huber : INTRODUCTION A LA PSYCHOLOGIE DE LA PERSONNALITE. *7ᵉ éd.*
66 Emile Meurice : PSYCHIATRIE ET VIE SOCIALE
67 J. Château, H. Gratiot-Alphandéry, R. Doron et P. Cazayus : LES GRANDES PSYCHOLOGIES MODERNES
68 P. Sifnéos : PSYCHOTHERAPIE BREVE ET CRISE EMOTIONNELLE
69 Marc Richelle : B.F. SKINNER OU LE PERIL BEHAVIORISTE
70 J.P. Bronckart : THEORIES DU LANGAGE
71 Anika Lemaire : JACQUES LACAN. *8ᵉ éd. revue et augmentée.*
72 J.L. Lambert : INTRODUCTION A L'ARRIERATION MENTALE
73 T.G.R. Bower : DEVELOPPEMENT PSYCHOLOGIQUE DE LA PREMIERE ENFANCE. *4ᵉ éd.*
74 J. Rondal : LANGAGE ET EDUCATION
75 Sheila Kitzinger : PREPARER A L'ACCOUCHEMENT
76 Ovide Fontaine : INTRODUCTION AUX THERAPIES COMPORTEMENTALES
77 Jacques-Philippe Leyens : PSYCHOLOGIE SOCIALE. *nouvelle édition 1997*
78 Jean Rondal : VOTRE ENFANT APPREND A PARLER *3ᵉ éd.*
79 Michel Legrand : LE TEST DE SZONDI
80 H.J. Eysenck : LA NEVROSE ET VOUS
81 Albert Demaret : ETHOLOGIE ET PSYCHIATRIE
82 Jean-Luc Lambert et Jean A. Rondal : LE MONGOLISME. *4ᵉ éd.*
83 Albert Bandura : L'APPRENTISSAGE SOCIAL
84 Xavier Seron : APHASIE ET NEUROPSYCHOLOGIE
85 Roger Rondeau : LES GROUPES EN CRISE?

86 J. Danset-Léger : L'ENFANT ET LES IMAGES DE LA LITTERATURE ENFANTINE
87 Herbert S. Terrace : NIM. UN CHIMPANZE QUI A APPRIS LE LANGAGE GESTUEL
88 Roger Gilbert : BON POUR ENSEIGNER?
89 Wing, Cooper et Sartorius : GUIDE POUR UN EXAMEN PSYCHIATRIQUE
90 Jean Costermans : PSYCHOLOGIE DU LANGAGE
91 Françoise Macar : LE TEMPS, PERSPECTIVES PSYCHOPHYSIOLOGIQUES
92 Jacques Van Rillaer : LES ILLUSIONS DE LA PSYCHANALYSE. 4ᵉ éd.
93 Alain Lieury : LES PROCEDES MNEMOTECHNIQUES
94 Georges Thinès : PHENOMENOLOGIE ET SCIENCE DU COMPORTEMENT
95 Rudolph Schaffer : COMPORTEMENT MATERNEL
96 Daniel Stern : MERE ET ENFANT, LES PREMIERES RELATIONS. 3ᵉ éd.
97 R. Kempe & C. Kempe : L'ENFANCE TORTUREE
98 Jean-Luc Lambert : ENSEIGNEMENT SPECIAL ET HANDICAP MENTAL
99 Jean Morval : INTRODUCTION A LA PSYCHOLOGIE DE L'ENVIRONNEMENT
100 Pierre Oleron et al. : SAVOIRS ET SAVOIR-FAIRE PSYCHOLOGIQUES CHEZ L'ENFANT
101 Bernard I. Murstein : STYLES DE VIE INTIME
102 Rondal/Lambert/Chipman : PSYCHOLINGUISTIQUE ET HANDICAP MENTAL
103 Brédart/Rondal : L'ANALYSE DU LANGAGE CHEZ L'ENFANT. 2ᵉ éd.
104 David Malan : PSYCHODYNAMIQUE ET PSYCHOTHERAPIE INDIVIDUELLE
105 Philippe Muller : WAGNER PAR SES REVES
106 John Eccles : LE MYSTERE HUMAIN
107 Xavier Seron : REEDUQUER LE CERVEAU
108 Moreau/Richelle : L'ACQUISITION DU LANGAGE. 5ᵉ éd.
109 Georges Nizard : ANALYSE TRANSACTIONNELLE ET SOIN INFIRMIER
110 Howard Gardner : GRIBOUILLAGES ET DESSINS D'ENFANTS, LEUR SIGNIFICATION. 3ᵉ éd.
111 Wilson/Otto : LA FEMME MODERNE ET L'ALCOOL
112 Edwards : DESSINER GRACE AU CERVEAU DROIT. 9ᵉ éd.
113 Rondal : L'INTERACTION ADULTE-ENFANT
114 Blancheteau : L'APPRENTISSAGE CHEZ L'ANIMAL
115 Boutin : FORMATION ET DEVELOPPEMENTS
116 Húsen : L'ECOLE EN QUESTION
117 Ferrero/Besse : L'ENFANT ET SES COMPLEXES
118 R. Bruyer : LE VISAGE ET L'EXPRESSION FACIALE
119 J.P. Leyens : SOMMES-NOUS TOUS DES PSYCHOLOGUES?
120 J. Château : L'INTELLIGENCE OU LES INTELLIGENCES?
121 M. Claes : L'EXPERIENCE ADOLESCENTE
122 J. Hayes et P. Nutman : COMPRENDRE LES CHOMEURS
123 S. Sturdivant : LES FEMMES ET LA PSYCHOTHERAPIE
124 A. Pomerleau et G. Malcuit : L'ENFANT ET SON ENVIRONNEMENT
125 A. Van Hout et X. Seron : L'APHASIE DE L'ENFANT
126 A. Vergote : RELIGION, FOI, INCROYANCE
127 Sivadon/Fernandez-Zoïla : TEMPS DE TRAVAIL, TEMPS DE VIVRE
128 Born : JEUNES DEVIANTS OU DELINQUANTS JUVENILES?
129 Hamers/Blanc : BILINGUALITE ET BILINGUISME
130 Legrand : PSYCHANALYSE, SCIENCE, SOCIETE
131 Le Camus : PRATIQUES PSYCHOMOTRICES
132 Lars Fredén : ASPECTS PSYCHOSOCIAUX DE LA DEPRESSION
133 Mount : LA FAMILLE SUBVERSIVE
134 Magerotte : MANUEL D'EDUCATION COMPORTEMENTALE CLINIQUE
135 Dailly/Moscato : LATERALISATION ET LATERALITE CHEZ L'ENFANT
136 Bonnet/Tamine-Gardes : QUAND L'ENFANT PARLE DU LANGAGE
137 Bruyer : LES SCIENCES HUMAINES ET LES DROITS DE L'HOMME

138 Taulelle : L'ENFANT A LA RENCONTRE DU LANGAGE
139 de Boucaud : PSYCHOLOGIE DE L'ENFANT ASTHMATIQUE
140 Duruz : NARCISSE EN QUETE DE SOI
141 Feyereisen/de Lannoy : PSYCHOLOGIE DU GESTE
142 Florin et al. : LE LANGAGE A L'ECOLE MATERNELLE
143 Debuyst : MODELE ETHOLOGIQUE ET CRIMINOLOGIE
144 Ashton/Stepney : FUMER
145 Winkel et al. : L'IMAGE DE LA FEMME DANS LES LIVRES SCOLAIRES
146 Bideau/Richelle : PSYCHOLOGIE DEVELOPPEMENTALE
147 Schmid-Kitsikis : THEORIE CLINIQUE ET FONCTIONNEMENT MENTAL
148 Guggenbühl/Craig : POUVOIR ET RELATION D'AIDE
149 Rondal : LANGAGE ET COMMUNICATION CHEZ LES HANDICAPES MENTAUX
150 Moscato et al. : FONCTIONNEMENT COGNITIF ET INDIVIDUALITE
151 Château : L'HUMANISATION OU LES PREMIERS PAS DES VALEURS HUMAINES
152 Avery/Litwack : NEE TROP TOT
153 Rondal : LE DEVELOPPEMENT DU LANGAGE CHEZ L'ENFANT TRISOMIQUE 21
154 Kellens : QU'AS-TU FAIT DE TON FRERE?
155 Rondal/Henrot : LE LANGAGE DES SIGNES. 2e éd.
156 Lafontaine : LE PARTI PRIS DES MOTS
157 Bonnet/Hoc/Tiberghien : AUTOMATIQUE, INTELLIGENCE ARTIFICIELLE ET PSYCHOLOGIE
158 Giovannini et al. : PSYCHOLOGIE ET SANTE
159 Wilmotte et al. : LE SUICIDE
160 Giurgea : L'HERITAGE DE PAVLOV
161 Ionescu : MANUEL D'INTERVENTION EN DEFICIENCE MENTALE N° 1
162 Ionescu : MANUEL D'INTERVENTION EN DEFICIENCE MENTALE N° 2
163 Pieraut-Le Bonniec : CONNAITRE ET LE DIRE
164 Huber : PSYCHOLOGIE CLINIQUE AUJOURD'HUI
165 Rondal et al. : PROBLEMES DE PSYCHOLINGUISTIQUE
166 Slukin : LE LIEN MATERNEL
167 Baudour : L'AMOUR CONDAMNE
168 Wilwerth : VISAGES DE LA LITTERATURE FEMININE
169 Edwards : VISION, DESSIN, CREATIVITE. 3e éd.
170 Lutte : LIBERER L'ADOLESCENCE
171 Defays : L'ESPRIT EN FRICHE
172 Broome Walace : PSYCHOLOGIE ET PROBLEMES GYNECOLOGIQUES
173 Aimard : LES BEBES DE L'HUMOUR
174 Perruchet : LES AUTOMATISMES COGNITIFS
175 Bawin-Legros : FAMILLES, MARIAGE, DIVORCE
176 Pourtois/Desmet : EPISTEMOLOGIE ET INSTRUMENTATION EN SCIENCES HUMAINES. 2e éd.
177 Sloboda : L'ESPRIT MUSICIEN
178 Fraisse : POUR LA PSYCHOLOGIE SCIENTIFIQUE
179 Ruffiot : PSYCHOLOGIE DU SIDA
180 McAdams/Deliège : LA MUSIQUE ET LES SCIENCES COGNITIVES
181 Argentin : QUAND FAIRE C'EST DIRE...
182 Van der Linden : LES TROUBLES DE LA MEMOIRE
183 Lecuyer : BEBES ASTRONOMES, BEBES PSYCHOLOGUES : L'INTELLIGENCE DE LA 1re ANNEE
184 Immelmann : DICTIONNAIRE DE L'ETHOLOGIE
185 Collectif : ACTEUR SOCIAL ET DELINQUANCE
186 Fontana : GERER LE STRESS
187 Bouchard : DE LA PHENOMENOLOGIE A LA PSYCHANALYSE
188 Chanceaulme : MOURIR, ULTIME TENDRESSE
189 Rivière : LA PSYCHOLOGIE DE VYGOTSKY

190 Lecoq : APPRENTISSAGE DE LA LECTURE ET DYSLEXIE
191 de Montmolin/Amalberti/Theureau : MODELES DE L'ANALYSE DU TRAVAIL
192 Minary : MODELES SYSTEMIQUES ET PSYCHOLOGIE
193 Grégoire : EVALUER L'INTELLIGENCE DE L'ENFANT
194 Gommers/van den Bosch/de Aguilar : POUR UNE VIEILLESSE AUTONOME
195 Van Rillaer : LA GESTION DE SOI
196 Lecas : L'ATTENTION VISUELLE
197 Macquet : TOXICOMANIES ET FORMES DE LA VIE QUOTIDIENNE
198 Giurgea : LE VIEILLISSEMENT CEREBRAL
199 Pillon : LA MEMOIRE DES MOTS
200 Pouthas/Jouen : LES COMPORTEMENTS DU BEBE : EXPRESSION DE SON SAVOIR ?
201 Montangero/Maurice-Naville : PIAGET OU L'INTELLIGENCE EN MARCHE
202 Colin A. Epsie : LE TRAITEMENT PSYCHOLOGIQUE DE L'INSOMNIE
203 Samalin-Amboise : VIVRE A DEUX
204 Bourhis/Leyens : STEREOTYPES, DISCRIMINATION ET RELATIONS INTERGROUPES
205 Feltz/Lambert : ENTRE LE CORPS ET L'ESPRIT
206 Francès : MOTIVATION ET EFFICIENCE AU TRAVAIL
207 Houziaux : EDUCATION DU PATIENT ET ORDINATEUR
208 Roques : SORTIR DU CHOMAGE
209 Bléandonu : L'ANALYSE DES REVES ET LE REGARD MENTAL
210 Born/Delville/Mercier/Snad/Beeckmans : LES ABUS SEXUELS D'ENFANTS
211 Siguan : L'EUROPE DES LANGUES
212 de Bonis : CONNAITRE LES EMOTIONS HUMAINES
213 Retschitzki/Gurtner : L'ENFANT ET L'ORDINATEUR
214 Leyens/Yzerbyt/Schadron : STEREOTYPES ET COGNITION SOCIALE
215 Tiberghien : LA MEMOIRE OUBLIEE
216 Wynants : L'ORTHOGRAPHE, UNE NORME SOCIALE
217 Rondal : L'EVALUATION DU LANGAGE
218 Moreau : SOCIOLINGUISTIQUE, CONCEPTS DE BASE
219 Rouquette : LA CHASSE À L'IMMIGRÉ
220 Grubar/Duyme/Cote et al. : LA PRÉCOCITÉ INTELLECTUELLE DE LA MYTHOLOGIE À LA GÉNÉTIQUE
221 Pomini et al. : THÉRAPIE PSYCHOLOGIQUE DES SCHIZOPHRÉNIES
222 Houdé et al. : DESCARTES ET SON ŒUVRE AUJOURD'HUI

Manuels et Traités

Droz-Richelle : MANUEL DE PSYCHOLOGIE. *5ᵉ éd.*
Hurtig-Rondal : MANUEL DE PSYCHOLOGIE DE L'ENFANT (Tome 1). *5ᵉ éd.*
Hurtig-Rondal : MANUEL DE PSYCHOLOGIE DE L'ENFANT (Tome 2). *4ᵉ éd.*
Hurtig-Rondal : MANUEL DE PSYCHOLOGIE DE L'ENFANT (Tome 3). *4ᵉ éd.*
Rondal-Seron : LES TROUBLES DU LANGAGE (DIAGNOSTIC ET REEDUCATION). *2ᵉ éd.*
Fontaine/Cottraux/Ladouceur : CLINIQUES DE THERAPIE COMPORTEMENTALE. *2ᵉ éd.*
Godefroid : LES CHEMINS DE LA PSYCHOLOGIE. *2ᵉ éd.*
Seron-Jeannerod : NEUROPSYCHOLOGIE HUMAINE